Walter Jens

Ein Jud aus Hechingen

Requiem für Paul Levi

1991

CIP-Titelaufnahme der Deutschen Bibliothek

Jens, Walter:
Ein Jud aus Hechingen: Requiem für Paul Levi / Walter Jens.
– Stuttgart: Radius-Verl., 1992
   (Radius-Bücher)
   ISBN 3-87173-851-4

ISBN 3-87173-851-4
© by Radius-Verlag GmbH Stuttgart 1992
Umschlag: Dieter Kurzyna
Gesamtherstellung: Clausen & Bosse, Leck
Printed in Germany

Michael Lewin in Verbundenheit zugeeignet

PERSONEN

Sprecher
Paul Levi
Mathilde Jacob (zugleich Rosa Luxemburg und Käthe Kollwitz)
Radek
Albert Einstein (zugleich Jacob Levi)
Chor der Soldaten
Zeugen
Arbeiter

Ort: Eine Mansardenwohnung, Berlin, Lützowufer 37
Zeit: 10. Februar 1930

Eine Mansardenwohnung: viele Bücher, Kakteen und Fayencen, Porzellanteller, Sofa und Stehpult, ein großer Sessel – bürgerlich-gelehrtes Ambiente, die Wohnung eines gebildeten Weltmanns.

Sprecher   *von hinten auftretend, betrachtet das Mobiliar, beugt sich über die Kakteen, zieht einige Bücher heraus, murmelt*: »...oder die ganze Heilige Schrift des Alten und Neuen Testaments, 1681«; Ciceros opera omnia, Mörike Gedichte, Clemenceau, Demosthenes, ein Essay. Immerhin. *Schaut sich um.* Lützowufer 37, Berlin. *Geht zum Fenster.* Da, der Kanal, Lichtensteinbrücke, Corneliusbrücke. Dort haben sie Rosa Luxemburg ins Wasser geworfen: Man hätte beobachten können, von hier, wie die Soldaten sie packten und hinunterschleppten, zum Ufer: »Die schwimmt schon«, hat einer gerufen. *Geht vom Fenster zur Rampe.* Der Mann dort, *deutet auf einen ungefähr fünfzigjährigen Menschen, der – teilnahmslos, wie es scheint: erschöpft und offenbar schwer krank – im Sessel sitzt*, hat viele Gesichter. Freund von Herbarien und politischen Schlachten, Gourmet und Agitator, Anwalt der schönen Künste, *zieht eine Schublade auf* – viel Graphik von Käthe Kollwitz. Da. *Deutet auf die Wand.* Ihr Selbstportrait! – und Abgeordneter im deutschen Reichstag. Partei: SPD. Wahlkreis: Chemnitz/Erzgebirge, Wähler: Arbeiter im Vogtland. Geburtsort Hechingen. Ein Jud, der Agnostiker ist – liebt das Alte Testament, zitiert gern aus der Bibel. Seine Vorbilder heißen Lenin und Salomon.

Der Name: Paul Levi, 1883 geboren, zuerst Sozialdemokrat, dann Kommunist, dann unabhängiger Linker, dann wieder Sozialdemokrat. Ein Sozialist auf Wanderschaft also – rechts bei den Linken, links bei den Rechten. *Geht zum Tisch, nimmt ein paar Herbarienhefte, blättert darin, entziffert Beschriftungen.* Alant, Helianthis Tuberosus, Canadische Goldrute... Herbarienhefte, die aus dem Nachlaß Rosa Luxemburgs stammen. *Macht ein paar Schritte.* ...Rosa Luxemburg: Levis Gefährtin, Lehrerin, Vorgängerin, auch seine Geliebte, für ein paar Monate. Er redet oft mit ihr, wenn er allein ist, hält Plädoyers in imaginären Prozessen und liebt Selbstgespräche mit verteilten Rollen. Aber ist er jemals allein? *Deutet zum Fenster.* Da ist die Tote: Sehr nah. »Rosa ruft mich«, sagt er manchmal, und die Leute wissen, was er meint. Rosa Luxemburg: seine Mandantin. Er hat sie – wie lange ist das jetzt her? fast sechzehn Jahre auf den Tag genau – anno 14 in Frankfurt verteidigt, als man ihr vorwarf, sie habe die Arbeiter aufgefordert, den Waffendienst zu verweigern.

Seine Mandantin – die erste und auch die letzte. Heute ist der 10. Februar 1930; in wenigen Tagen wird Paul Levi, während des Revisionsverfahrens, seine Anklage gegen jenen Reichsanwalt Jorns zu vertreten haben, der – so wird behauptet – dafür verantwortlich sei, daß die Mörder Rosa Luxemburgs und Karl Liebknechts nie verurteilt wurden. – Aber es ist fraglich, ob Paul Levi den Prozeß bis zum Schlußplädoyer durchstehen wird. Er hat eine Lungenentzündung und hohes Fieber.

Seine Gedanken: von großer Schärfe; seine Rhetorik: brillant wie stets. Aber die Phantasien gehen ins Weite; die Toten rufen, Gestern wird Gegenwart, und die Menschen ringsum haben viele Gesichter. *Zeigt auf die Frau, die, Levi gegenüber, an einem kleinen Tisch sitzt.* Das ist Mathilde Jacob, Levis Sekretärin. Früher hat sie die Manu-

skripte Rosa Luxemburgs abgeschrieben. Sie versorgt den Kranken, ist seine Helferin. Aber in den Fieberträumen dieser Nacht ist sie Mathilde Jacob, Rosa Luxemburg und Käthe Kollwitz zugleich.
Der Mann hier zieht sein Resümee. Er spricht mit Gefährten und Gegnern, Vertrauten und Gehaßten, Lebenden und Toten, ruft ihre Worte zu Hilfe, wie leibhaftige Zeugen, Sätze aus Reden, Gesprächen und Briefen. Er spricht mit Karl Radek, dem Sendboten der Bolschewisten in Deutschland, mit dem er sich seit Jahren in Gedanken nächtelang streitet, er spricht mit Albert Einstein, dem Landsmann, und mit Jacob Levi aus Hechingen, seinem Vater.
In diesem Zimmer, das ihm Parlament ist und Gerichtssaal, Reichstag und Schwurgericht, klagt Paul Levi ein letztes Mal die Mörder an, verteidigt die Opfer und plädiert, in eigener Sache, auf Leben und Tod. ...wir werden sehen. *Sieht auf die Uhr.* Sonntag, 10. Februar 1930, zwei Uhr früh. Der Wetterbericht in den Berliner Samstagszeitungen lautet: »Zwei Grad unter null, heiter bis wolkig, gegen Mittag viel Sonne, reicher Ausflugsverkehr zu erwarten. *Blickt sich um.* – Alles gesagt? Nein, eins noch: Nicht nur der Mann hier ist Jude; die Frau – *deutet auf Mathilde* – ist es auch. *Im Abgehen das Selbstportrait der Käthe Kollwitz geraderückend.* Das war kein Witz, vorhin, mit Salomon: Levi hat *eine* Passion, eine einzige: er spricht Recht.

Levi	*anfangs sehr langsam und mühevoll redend, nicht febril, sondern bedachtsam; die Worte wollen gesucht sein...* nicht gut genug. Ich muß von vorn beginnen. Sie haben den Block, Mathilde?
Mathilde	In ein paar Stunden ist Morgen.
Levi	Meine beste Zeit.
Mathilde	Sie sollten schlafen. Ein Attest – und der Prozeß wird verschoben.
Levi	Ich habe keine Zeit mehr.

Mathilde	Nur ein paar Tage, Herr Dr. Levi. Dies ist die sechste Nacht.
Levi	Müde?
Mathilde	Ich nicht.
Levi	»Sein schönstes Plädoyer«, sagen sie. »Er sprach wie Danton.« – »Die größte Rede seit den Tagen Lassalles«: Ossietzky. Man könnte zufrieden sein.
	Lichtwechsel.
Levi	*vorn an der Rampe.* Meine Herren Richter und Geschworenen! Ein Tag des Gerichts ist gekommen. Hier treten diese Mauern und tritt diese Decke zurück... die toten Buchstaben, benutzt zu dem Zwecke, Schuldige zu schützen und die vermoderten Knochen der Opfer: sie stehen auf und klagen an den Ankläger von damals. *Pause. Erneute Sammlung.* Sie, Herr Vorsitzender, haben zu Anfang dieses Prozesses hier gefragt: »Warum dies alles nach zehn Jahren?« Und hier, meine Herren Geschworenen, antworte ich: Dieser Revisionsprozeß ist eine sittliche, eine staatliche Notwendigkeit und eine Notwendigkeit für die Justiz. Der Fall Jorns und Liebknecht–Luxemburg, das war das Proton Pseudos, das war der erste Fall, in dem Mörder mordeten und wußten: Die Gerichte sprechen uns frei. Damals begann jener schauerliche Zug von Toten, Jahre um Jahre, Gemordete und Gemordete, denn vom Fall Liebknecht–Luxemburg und vom Kriegsgericht der Gardekavallerie-Schützen-Division und vom Kriegsgerichtsrat Jorns her wußte man, daß Morden noch lange nicht identisch war mit Bestraftwerden. *Geht einen Schritt zurück, stützt sich auf die Sessellehne.* Und nun frage ich Sie heute: Ist es nicht die schrecklichste Erschütterung unseres ganzen staatlichen Systems und unseres letzten Gefühls für Gerechtigkeit – ist es nicht das Vergehen am unverzichtbaren, wahrhaftigen heiligen Recht gewesen, was in diesen Jahren geschah? Und war es nicht das einzige Verdienst in all diesen traurigen Jahren, daß es – neben all den Schandurteilen der Klassen-

	justiz – noch Richter gab, die, zumal in Preußen, endlich den Glauben wieder erweckt haben: Wer mordet, wird vor Gericht gestellt... in welchem Sinne auch immer er diese Tat getan hat. *Setzt sich wieder in den Sessel. Lichtwechsel.*
Mathilde	*steht auf, schüttet Pulver in ein Glas Wasser, gibt es Levi.* Trinken Sie. Es ist Zeit.
Levi	Überzeugt?
Mathilde	Ja. Es gab Beifall. »Von dieser Rede«, sagte ein Herr – einer im Gehpelz, bestimmt kein Genosse –, »wird man noch nach Jahrzehnten reden.«
Levi	*plötzlich hellwach, präzise und nüchtern.* Ich bin nicht zufrieden. Zu pathetisch, das Ganze. Zu gelehrt: *Proton Pseudos*. Humanistisches Gymnasium, Griechisch, in Stuttgart, immer eine Eins. Nein, kein Einspruch, Mathilde. Im Augenblick klingt's gut, fand ich selbst. *Nimmt ein Papier vom Tischchen neben dem Sessel, blättert und liest, erst murmelnd, dann laut.* Die toten Buchstaben und... warte... die vermoderten Knochen stehen auf und klagen an. Das große A, das kleine b erheben sich, mit Schulterblatt, Kniescheibe und Wirbelsäule vereint, von ihren Plätzen – indiskutabel. *Lehnt sich zurück.* Das muß anders klingen, übermorgen.
Mathilde	*winkt ab.* Gewiß nicht.
Levi	*unbeirrt*: oder Donnerstag oder Freitag oder... Kein »Oder«. *Hart.* Es ist wieder der 15. Januar, Mathilde, 1919. Ein Vormittag. *Geste in die Luft.* Das Eden-Hotel, Berlin, Kurfürstenstraße. Offiziere bei einer Generalstabsbesprechung. Die Aktion wird geplant. Erst Liebknecht, dann Luxemburg. Fall eins, Fall zwei: Ablauf nach Plan. Erst die Folter, dann die Ermordung. Tatort: zwischen Eden-Hotel und Gefängnis. »Wir bringen sie nach Moabit«, sagt der Hauptmann. Aber dort kommt der Wagen nicht an. Ein Fluchtversuch unterwegs, ein Revolverschuß, ein kleiner Stoß: »Nun roll doch schon, Mädchen.« *Beugt sich weit vor.* Ich muß mich in ihre Ge-

	danken versetzen, Mathilde. Was denken Offiziere – *Geste* – wie die da, wenn sie den Plan abrollen lassen? – Komm, rücken Sie den Tisch hierher – *Geste* – und dann – das Schachspiel. Ich muß die Partie nachspielen. *Stellt einige Steine auf.* Zuerst der Bauer: ein Husar. Wartet – Aktion eins – am Fuß der Treppe und schlägt zu. Mit dem Kolben. Mitten ins Gesicht. Und dann – Aktion zwei – das gleiche noch einmal: Stoß und Stoß und Stoß! Von oben herab auf den Schädel.
Mathilde	*verbirgt das Gesicht in den Händen.*
Levi	Er: ein Hüne von Mann. Sie – *deutet mit den Händen die zarte Winzigkeit an* –: eine Puppe. *In diesem Augenblick löst sich aus dem Hintergrund eine grobschlächtige Gestalt, verkommen, in lumpiger Uniform.*
Runge	Husar Runge, Herr Rechtsanwalt. Hab' nur getan, was die Offiziere befahlen. Ich mußte gehorchen. »Die werden Ihnen zugeführt, Runge. Schaffen Sie Ordnung.«
Pabst	*wie Runge von hinten auftretend, jedoch in Distanz zu dem Husaren.* Aber das ist doch lächerlich, Mann. Glauben Sie im Ernst, das beweisen zu können? – Na also. *Zu Levi, knappe Verbeugung.* Hauptmann Pabst.
Levi	*über das Schachspiel gebeugt.* Das ist jetzt der Läufer, Mathilde... nein, der Turm. – Pardon, der Springer natürlich. *Macht Rösselsprünge mit der Figur.*
Pabst	Sie mußten erledigt werden. Es gab keine andere Wahl: die Bolschewisten oder wir. – Jawohl, ich habe sie hinrichten lassen, die beiden: Sie waren Symbole der – *verächtlich* – Revolution; darum – *beiläufig* – mußten sie weg.
Jorns	*wie Runge und Pabst auftretend, aber rascher.* Ich habe von all dem nicht das Geringste gewußt.
Levi	Und jetzt die Dame. Rote Robe. Reichsanwalt.
Jorns	Ich war nicht eingeweiht...
Levi	...und haben einem Mann vertraut, von dem Sie wissen mußten, daß er Sie belog.
Jorns	Er war zu jeder Hilfe bereit.
Levi	Das glaube ich gern. Schließlich ist es förderlich für den

	Täter, wenn der Untersuchungsrichter sein Freund ist. *Hindert Jorns am Einspruch; zu Jorns, kalt:* Sie haben einen Doppelmörder gedeckt, Reichsanwalt Jorns! Ich habe es immer geahnt; und das – schreiben Sie mit, Mathilde! – muß ich vor Gericht Punkt für Punkt analysieren: Wie – *beugt sich wieder über das Schachspiel* – ein Doppelplan ausgeführt wurde. *Tippt auf die Figuren.* Überwachung der Telefone, Festnahme, Abführung, Exekution, Schauhaus. Hätte ich früher gewußt, wie – *zeigt auf Pabst* – so ein Mann denkt und – *zeigt auf Jorns* – so ein Mann ihm dabei hilft, die Tat zu vertuschen – ich hätte anders plädiert. Besser, Mathilde, genauer!
Pabst	Aber Levi! Meinen Sie denn wirklich, Ihr bißchen Mathematik reichte aus, um zu verstehen, was hier geschah – geschehen mußte! Wir waren im Feld, Herr Anwalt! Nicht im Ausland, wie Sie. *Ironisch.* In der Schweiz. Zur Erholung. Oder im Knast, wie Monsieur und Madame. *Wir* sind Soldaten.
Jorns	Kameraden im Feld. Tapferkeit vor dem Feind.
Pabst	Frontsoldaten, Levi, nicht Deserteure. Vor Verdun – nicht in Zürich, mit den Herren Lenin und Radek.
Levi	Soldaten – nun gut. Aber Offiziere von Ehre? – Ihr? – Laßt eine Frau vor euren Augen ver... ver... – *sucht in großer Erregung nach dem richtigen Wort* – verstümmeln, seht tatenlos zu und bringt sie noch nicht einmal zur Rettungsstation! – Männer von Ehre? Mörder seid ihr! Erst die Roten niedergemacht, dann die Liberalen, dann die Konservativen... Luxemburg, Erzberger, Rathenau... immer weiter nach rechts: Republikaner sind wehrlos, das Freikorps marschiert, und der Herr Reichsanwalt gibt seinen Segen dazu. *Geht auf die Offiziere zu.* Nein, meine Herren Geschworenen, hier sind keine Ehrenmänner am Werk und Patrioten schon gar nicht. Hier handelt es sich um kühle, kalt berechnende, in der Stube am grünen Tisch den Mord ausklügelnde Gesellen. Hier geht es um planmäßige Beseitigung – *planmäßig*, Mat-

	hilde, schreiben Sie... das muß ich zeigen, das Kalkül der Hinrichtung! – um die Vernichtung von Leuten, in deren Hände die deutsche Republik ihre Geschicke gelegt hat. Hier – Pabst und Jorns und all die Runges! – ist die große Staatsverschwörung, die durch den Mord, mit den »geistigen« Waffen des Bleis, weil sie andere nicht hat! töten, morden, vernichten, ja, ein ganzes Volk ins Chaos werfen will. *Lehnt sich erschöpft in seinem Sessel zurück.*
Pabst	Ja, Levi, so sprecht ihr – *verächtlich* – Zivilisten! Bürger!
Levi	Allerdings.
Pabst	Wir aber sind keine Bürger. *Während dieser Worte sammeln sich, in grauen Uniformen, immer mehr Männer um Runge, Pabst und Jorns.* Wir sind Soldaten – *Beifall der Leute* –, Männer, und keine Literaten.
Soldaten	*einzeln zwischenrufend*: Intellektuelle! Juden! Kommunisten! Demokraten! Verräter! Novemberverbrecher! *Sie kommen näher.*
Jorns	Sie sollten vorsichtig sein, Dr. Levi, und diese Männer nicht reizen. Vergessen Sie nicht, daß auch Sie auf der Proskriptionsliste stehen. Wollen Sie wissen, was man von Ihnen hält?
Levi	Bitte, ich bin gespannt.
Jorns	Zeuge Hauptmann Röhm!
Röhm	*löst sich aus dem Chor der Soldaten.* Ich bitte Sie, Herr Reichsanwalt, zu entscheiden, ob man mir als deutschem Frontoffizier zumuten kann, ausgerechnet Herrn Dr. Levi zu antworten, gegen den seit Jahren unwidersprochen der Vorwurf des Landesverrats erhoben wird.
Jorns	Zeuge General Ritter von Epp!
Levi	Danke, es genügt. *Macht eine Handbewegung zu den Soldaten: entfernt euch. Die Männer, auch Runge und Pabst, gehen hinaus. Jorns bleibt als einziger zurück.*
Jorns	Sie sollten den General noch hören, Dr. Levi. Gerade Sie – als Jurist.
Levi	*mit einer resignierenden Geste.* Gut, wenn Sie unbedingt wollen.

Jorns	*winkt mit dem Finger. Epp tritt auf.*
Epp	Sie haben von Mord gesprochen, Herr Anwalt. Aber Sie vergessen, daß man in national gesinnten Kreisen einen gewöhnlichen Mord, sagen wir zur Beraubung oder sonst einem niederen Beweggrund, nicht gleichsetzt mit einer Tötung aus politischen und – das kann man gerade im Fall Liebknecht/Luxemburg sagen – vaterländischen Motiven. Das sind ganz verschiedene Taten, Herr Dr. Levi. Und wenn man sich eines Mannes wie Hauptmann Pabst annimmt, so ist das nicht das gleiche, wie wenn man einen gewöhnlichen Mörder verteidigt. Reichsanwalt Jorns hatte die Pflicht, Männern zu helfen, die in meinen Augen Patrioten sind.
Levi	Ich danke Ihnen, meine Herren. Erwarten Sie, daß ich Ihnen antworte? Gewiß nicht. Ich werde nur eine Geschichte erzählen. Sie handelt von einem Menschen wie mir: Landauer hieß er. Ein Roter. Ein Jud. Der wurde eines Tages ins Gefängnis geschleppt, nach Stadelheim. Es war ein Tag im Mai, vor elf Jahren. Der Mann wurde beschimpft und geschlagen, und ein Herr von Gagern – sportliche Kleidung, Gutsbesitzer und Major außer Diensten – fragte den Gefangenen, wie er hieße. Und als er den Namen erfuhr, schlug er dem Gefesselten mit der Peitsche ins Gesicht und verspottete ihn. Das war – genau wie einmal in Jerusalem – das Zeichen für die allgemeine Mißhandlung, in deren Verlauf Landauer niedergemacht wurde. Ein Ulan – er hieß Digele – gab einen Schuß ab. Er stahl auch Landauers Uhr. *Stellt die Schachfiguren auf.* Landauer und Luxemburg, Digele und Runge, Gagern und Pabst. Und Jorns natürlich. Hören Sie gut zu, Herr Reichsanwalt: Gegen den Freiherrn von Gagern wurde durch Strafbefehl des Amtsgerichts München wegen der an Landauer begangenen Mißhandlungen eine Geldstrafe von 500 Mark festgesetzt. 500 Mark, Herr Jorns. Ich erinnere mich, daß ich einmal für einen Bauernburschen plädierte, der abends um elf auf der

Dorfstraße den Nachtwächter angepißt hatte. Er war besoffen gewesen. Strafmaß: sechs Wochen Haft ohne Bewährung. – Leben Sie wohl, meine Herren. *Zu Mathilde.* Noch ein Glas Wasser, bitte, Mathilde. *Trinkt. Anderer Tonfall.* Plädoyer in Sachen Generalstabsarbeit von Mördern: Rechtsanwalt Levi schlüpft in die Hirne von Tätern, auf deren Todesliste er steht. *Denkt nach. Dreht dann, mit einer plötzlichen Geste, das Schachbrett um.* Aber ich spreche immer nur von den Mördern, Mathilde, den Herren, die ich anklagen muß. *Schüttelt den Kopf.* Und die Opfer *wirft einige Figuren auf dem Tisch um...* vergessen. Landauer muß es heißen, nicht Gagern! Luxemburg, nicht Pabst! *In tiefer Versunkenheit, aber entschlossen.* Pardon, meine Herren Geschworenen, ich würde von Jesus sprechen, wenn ich Pilatus anzuklagen hätte: von den Nägeln im Fleisch und den Striemen überall auf der Haut; von den Stacheln über den Augen und der Einsamkeit in der Stunde des Todes. – Ich muß die Tote zum Reden bringen, Mathilde! Was hat sie gedacht, als das Kommando Liebknecht zurückkam, die Todesschwadron, und sie den Befehl hörte, von nebenan: »Zweiter Transport, marsch!« Ihre Gedanken, Mathilde, als sie vor Hauptmann Pabst saß. Kommen Sie näher. Was hat sie gedacht?

Mathilde   Vielleicht: Wer wird das Kätzchen versorgen, Prinzessin Mimi? Oder: Wenn ich ein Blatt Papier hätte, würde ich schreiben: »Meinen roten Sessel vermache ich...« Oder: Wenn es nur schnell geht! Oder: vielleicht legen sie mir einen Revolver auf den Tisch und schließen mich ein. Oder: Sie werden mich quälen, weil sie wissen, daß ich der Folter nicht standhalten kann. Oder: Schreiben Sie: »Ich schwöre ab. Ich widerrufe. Ich unterwerfe mich.« Oder: Und wenn ich am Leben bleibe? Wenn sie mich freilassen? Oder: Einfach träumen, von den Vögeln hoch über der Stadt, von Glockenblumen und Anemonen am Genfer See und Häfen am südlichen Meer. Oder: Von der

Revolution? Von einem Gedicht? »Huttens Beichte«? *Rückt ihren Stuhl näher zum Tisch, während Levi, ihr zuwinkend, sich in seinem Sessel zurücklehnt, geht dann zur Rampe, spricht halb zum Publikum, halb zu Levi hin.* Ach, Mathilde, wann werde ich mit Ihnen und Mimi wieder in Südende sitzen und Euch beiden vorlesen? Ein Gedicht vielleicht? Conrad Ferdinand Meyer. »Huttens Beichte«? Heut nacht fiel es mir wieder – weiß Gott, weshalb – ein. Setzen Sie sich, nehmen Sie die Mimi auf den Schoß und machen Sie das liebe andächtige Schafsgesichtlein, das Sie zu machen pflegen, wenn ich Ihnen etwas vorlese. Also silentium: »Mich reut der Tag, der keine Wunden schlug, / mich reut die Stunde, die nicht Harnisch trug. / Mich reut, ich beicht es mit zerknirschtem Sinn, / daß ich nicht dreifach kühn gewesen bin.« – Diesen Schluß werden Sie mir aufs Grab setzen. *Pause.* Haben Sie das ernst genommen, Mathilde? Ja, lachen Sie nur darüber. Auf meinem Grabe wird es keine Phrasen geben. Nur zwei Silben auf dem Stein: »zwi-zwi«. Das ist der Ruf der Kohlmeise, den ich so gut nachmache, daß sie sofort herlaufen. Und denken Sie, in diesem »Zwi-zwi«, das sonst ganz klar und dünn wie eine Stahlnadel auffunkelte, gibt es seit einigen Tagen einen ganz kleinen Triller, einen winzigen Brustton. Wissen Sie, Fräulein Jacob, was das bedeutet? Das ist die erste leise Regung des kommenden Frühlings. Und wenn ich den nicht mehr erleben kann, dann vergessen Sie nicht, daß auf meiner Grabestafel *nichts* stehen darf außer »zwi-zwi«... Ich umarme Sie und Mimi in schrecklicher Sehnsucht. *Geht zu ihrem Stuhl zurück.*

Levi — Kommen Sie näher, Mathilde. Sie sind so weit fort. Ich muß Sie ansehen. – Mathilde Jacob, nicht wahr? Geboren 8. März 1873 in Berlin, mosaischer Herkunft, Schreibbüro Altonaer Straße, Gehilfin Rosa Luxemburgs und Paul Levis... Sie sind es... natürlich, oder sind Sie Rosa Luxemburg, geboren am 5. März 1871? 5. März... 8. März... 71... 73... hat schon seine Richtig-

	keit damit... in Zamocz... mosaischer Herkunft... *Wieder klar und präzise.* Hätten wir sie retten können, Mathilde? Natürlich! Nichts leichter als das. Ein falscher Paß, ein Grenzübertritt, eine Karte aus Zürich: »Bin gut angekommen, Grüße an Mimi...«
Mathilde	*schüttelt den Kopf.* Sie wäre geblieben. Und Liebknecht auch. Die Arbeiter werden niederkartätscht, und das hohe Paar schickt Ansichtskarten aus der Emigration? Undenkbar!
Levi	Und Marx, Mathilde? Zögerte der nur eine Sekunde, nach London zu fliehen? »Komm bald nach, alter Freund Engels. Die Revolution läßt sich auch von der Themse aus planen.«
Mathilde	Marx war allein – am Schreibtisch, nicht im Kampf.
Levi	Gut, dann nimm Lenin, Konstantin Petrowitsch Iwanow: Perücke, abrasierter Bart: alles Weitere regelt der Genosse Jalawa, Lokomotivführer auf der Finnischen Bahn. »Kommen Sie, Genosse Lenin, Sie sind heute mein Heizer; Kohlen schaufeln, denke ich, werden Sie können.«
Mathilde	Lenin? Nun ja... der hatte nur seine Revolution. Sie: Nähnadeln, Tinte und türkische Kirschen... natürlich: auch Agitation, Reden, Kampf und Überzeugungsarbeit... aber dann: Strohhüte und Glacéhandschuhe, Pflanzenbücher und...
Levi	*sie unterbrechend.* Genauer, Mathilde, viel, viel deutlicher. Jetzt sind wir endlich auf dem richtigen Weg. Ich muß den Geschworenen zeigen, wer diese Frau war, wie sie aussah, welche Träume sie hatte... ihre Hoffnung und ihre Schwermut, verstehn Sie? Da – *zeigt auf den Tisch* – der Kalender, den Sie ihr schenkten. Fangen Sie irgendwo an. – Hören Sie zu, meine Herren Geschworenen!
Mathilde	*stockend, sehr leise.* »5. März 1915. Von Fräulein Jacob diesen Kalender und wunderbare Blumen erhalten, Anemonen, Vergißmeinnicht, Kätzchen und Kirschenzweige. 11. April 1916: Jetzt kann man schon bis 7 Uhr abends

	lesen ohne Lampe. 24. April: 65 Tage herum. Bleiben 300. *Blättert.* 8. Februar 1917: wiege noch 45 1/2 Kilo. 22. April 1918: Wieder im Gefängnis. – Manuskript Seite 597 bis 724 an Mathilde. 23 Störche über das Gefängnis im Kreise langsam nach Norden geflogen, 9 Uhr früh. *Blättert.* 8. November 1918, 10 Uhr abends, ein Kreuz, sehr groß und blau: das heißt: ›Ich bin frei!‹
Levi	Sie hätte nicht zu sterben brauchen, Mathilde. Es hat sie niemand erkannt, als sie nach Hause fuhr, unter den Soldaten, in der Eisenbahn, auf ihrem Koffer: eine alte Frau, die auf dem Land gehamstert hat... Achtundvierzig Jahre war sie, und die Leute, die sie nicht kannten, glaubten: so um die sechzig. – Mein Gott, warum haben wir sie nicht besser geschützt... versteckt, meinetwegen, bei verläßlichen Leuten, bei meinem Freund Einstein... 's Albertle... der hätt's gemacht, und dort hätt' sie bestimmt keiner gesucht. *Zeigt auf das Käthe-Kollwitz-Bild.* Bei der schon eher...
Mathilde	Aber sie hat's nicht gewollt.
Levi	Nicht gewollt! Nicht gewollt! Und wenn sie nun gewußt hätte: nicht nur du selbst, auch die Partei geht zugrunde, wenn sie dich finden?
Mathilde	*schüttelt den Kopf.*
Levi	*Lehnt sich zurück. Nach einer Pause eindringlich.* Sie war es doch, nicht wahr?
Mathilde	Ich verstehe Sie nicht.
Levi	Sie haben sie mit Sicherheit erkannt?
Mathilde	Aber das wissen Sie doch.
Levi	Nicht die Geschworenen. – Ich muß mein Plädoyer neu schreiben, Mathilde. Und nicht nur das Plädoyer. Ich werde Sie in den Zeugenstand rufen. Erzählen Sie, Zeugin Jacob.
Mathilde	Es war im Eden-Hotel.
Levi	Wie?
Mathilde	Ich sagte doch: Ich mußte sie identifizieren. Ich habe die Treppe gesehen, unten im Foyer, wo der Husar mit sei-

	nem Karabiner stand. Ich habe das Geländer angefaßt, das sie berührte, damals, als man sie hinunterbrachte, nach dem Verhör. Ich habe die Pförtnerloge gesehen, vor der der Mann stand, der zu schreien anfing, als sie vor der Balustrade erschien: »Schaut, da kommt Röschen, die alte Hure!« Ich bin im Zimmer gewesen, in dem sie ihren Schuh versteigerten. *Langsam die Fassung verlierend*: es war der rechte, sie verlor ihn, als man sie ins Auto warf; und ich habe die Offiziere gesehen, die mich – wie sagt man? – einbestellt hatten... Ja, ich habe sie erkannt, ihre Mörder. *Stockt.*
Levi	Erzählen Sie weiter – *sehr sachlich* –, Frau Zeugin.
Mathilde	Ich...
Levi	Bitte, fassen Sie sich.
Mathilde	Man zeigte mir Photographien, die vor der Obduktion gemacht worden waren.
Levi	*steht, während Mathilde spricht, langsam auf und geht aufs Fenster zu mit einer Geste, als wolle er sagen: »Da unten ist's geschehen«, hält dann aber inne.*
	Im Hintergrund der Bühne leuchtet das Bild des Totenschädels auf, dazu spricht Mathilde, gebückt, Rosa sehr ähnlich, die Worte:
Mathilde	Geliebter, ich habe Sehnsucht. Es ist Frühling, warum läßt du mich allein? Ich wühle in den Erinnerungen mit trägen Fingern wie in einem Korb Blumen.
	Das Bild verlischt langsam, Levi kehrt zu seinem Sessel zurück.
Levi	Weiter, Frau Zeugin, weiter, weiter!
Mathilde	Man zeigte mir die Kleiderreste, die Handschuhe und das Medaillon. Ich erkannte alles auf den ersten Blick. Die Handschuhe hatte ich selbst gekauft: sie hingen noch, verblichen, an ihren Händen. Die Fetzen des Samtkleids waren rot und leuchteten, als hätten sie niemals im Wasser gelegen. Den goldenen Anhänger habe ich auch wiedererkannt. Er war unversehrt.
Levi	Und was geschah dann? Sie *müssen* es sagen!
Mathilde	Dann bin ich mit dem Leichenwagen hinaus nach Zossen gefahren, ins Truppenlazarett, und habe versucht, Frau

	Dr. Luxemburg zusammen mit dem Leichenwäscher zu versorgen. Aber es ging nicht. Die Verwesung war zu weit fortgeschritten. Da habe ich die Tote mit einem Laken bedeckt und ihr ein Kissen untergeschoben – zwischen Wanne und Schädel.
Levi	Ich danke Ihnen, Frau Zeugin.
Mathilde	Ich bin noch nicht fertig. Da war noch eine Aufgabe für mich, meine Herren Geschworenen... Ist das so richtig?
Levi	*nickt.*
Mathilde	Ich mußte die Tote bewachen, im Auto, neben dem Chauffeur. Es war ein Frühlingstag, morgens, wir fuhren durch Lichtenrade, an Wiesen vorbei, wo sie früher spazierenging, mit dem Bestimmungsbuch. Dann sind wir, an ihrer alten Wohnung vorbei, durch Südende gefahren, zur Roten Fahne, und dann über die Wilhelmstraße zum Leichenschauhaus Hannoversche Straße.
Levi	*neigt den Kopf.* Ich bitte um Verzeihung, Hohes Gericht. Ich hätte früher bitten müssen, die Zeugin zu laden. Ich habe zu lange von Hauptmann Pabst gesprochen und vom Herrn Reichsanwalt. Ich denke, die Aussage der Zeugin richtet den Mann, der dafür Sorge trug, die Mörder davonkommen zu lassen, mehr als jede Anklage.
Mathilde	*unbeirrt.* Ich bin noch immer nicht fertig, Herr Anwalt. Ich wollte sagen: Wir haben den Sarg dem Schauhaus übergeben, der Chauffeur und ich. Dann bin ich täglich gekommen, um nachzusehen, ob die Leiche auch an ihrem Platz war. Ich habe Frau Dr. Luxemburg sechs Tage bewacht, bis die Beisetzung war.
	Mathilde und Levi sehen sich schweigend an, während über einen Lautsprecher die Worte Levis zu hören sind:
Stimme	Genossinnen und Genossen! Nach fünf Monaten bringen wir zur Erde, was von Rosa Luxemburg zur Erde gehört. Fünf Monate trieb ihr Leib umher auf der Welt, gehaßt noch im Tode, geschändet noch im Tode, verflucht, noch im Tode, von ihren Mördern. Aber der tote Leib steht

	auf und richtet über die, die das getan haben. Sie haben den Leib getötet, aber der Geist ist nicht tot geworden. Nein, sie ist nicht gestorben.
Levi	Ich spreche oft mit ihr. *Zu Mathilde, die sich wieder auf ihren Platz gesetzt hat und in der nächsten Szene als Rosa Luxemburg figuriert.* Immer noch das alte Spiel: Du fragst, und ich muß antworten? Gut, ich bin bereit – *deutet auf die Bücherborde und läßt sich* – du weißt ja – *zwei Hefte geben.*
M/Rosa	Großes Schneeglöckchen?
Levi	Leucojum vernum.
M/Rosa	Richtig. Aber das kleine?
Levi	Das kleine...? Innere Blätter nicht spitz...
M/Rosa	...sondern?
Levi	herzförmig, natürlich, mit drei grünen Strichen auf jedem Blatt. Wird jetzt auf den Straßen verkauft.
M/Rosa	Hopfenklee?
Levi	*zögert.*
M/Rosa	Ich mach's leicht: Medicago lupolina.
Levi	*zögert immer noch.*
M/Rosa	Schlag nach. – Aber doch nicht im Fünfstück, Lieber! Im Schumacher mußt du suchen: Frühlingsblumen. Otto Maier-Verlag.
Levi	*hat Rosas Anweisungen befolgt und liest.* Blaue Blütchen. *Lacht.*
M/Rosa	Warum lachst du?
Levi	Lauter Diminutive: Träubchen, Häubchen, Blütchen. *Lacht lauter.*
M/Rosa	Aber was ist denn?
Levi	Hör dir das an: Früchtchen nierenförmig, Stengel, liegend oder aufsteigend, sehr zart behaart. Siehst du, jetzt lachst du selbst.
M/Rosa	Schnell weiter. Waldveilchen?
Levi	Hatten wir gestern.
M/Rosa	Breitblättriger Ehrenpreis?
Levi	Grasgrün, grob gesägt.
M/Rosa	Genug für heute. *Denkt nach.* Sag mal, haben die Leute

	tatsächlich recht, wenn sie behaupten, meine Stimme sei immer so schrill gewesen? *Nachdenklich.* Vielleicht, weil ich so lange allein war. Immer nur Selbstgespräche. Monologe im Zuchthaus, und dann, auf einmal, das Geschrei: Ich lebe, ich bin frei, hört mich an!
Levi	Seltsam, ich schreie auch immer im Reichstag, wahrscheinlich aus dem gleichen Grund. Selbstgespräche bei Nacht, weißt du, dann verteidige ich Catilina, schlage Cicero aus dem Feld – was übrigens leicht ist, der Mann übertreibt –, plädiere für Judas, Freispruch natürlich, und zwar mit Aplomb: »Stellen Sie sich vor, meine Geschworenen, der Angeklagte hätte ›Nein‹ gesagt. Dann gäb's keine christliche Kirche.« – Ich mag diese Spiele, weißt du; ich die Jurisprudenz und du die Botanik. Ich mit meinen Totengesprächen und du mit deinen Nachtigallen und Lerchen – ein Hauch von Shakespeare im Weibergefängnis. Wir sind schon seltsame Leute, wir zwei.
M/Rosa	Feuerbach – ich mein' den Juristen – Seit an Seit mit Linné. Du hast deinen Judas, ich den Wendehals.
Levi	Wendehals? Den hatten wir noch nie.
M/Rosa	Graue Spechtart. Verrenkt sein Köpfchen – schon wieder ein Diminutiv –, sobald ihm Gefahr droht. *Geht zum Bücherbord, sucht.* Hast du das Gedicht nicht gelernt, als Pennäler in Stuttgart? *Summt Mörikes Wendehals-Gedicht in der Vertonung von Hugo Wolf.* Schön, wie? Und nun lies vor, aber bitte auf schwäbisch.
Levi	*mit komischer Feierlichkeit.* »Zur Warnung« von Eduard Mörike. *Liest mit honoratiorenschwäbischer Intonation:* »Es schlagt eine Nachtigall/ Am Wasserfall;/ Und ein Vogel ebenfalls,/ Der schreibt sich Wendehals,/ Johann Jakob Wendehals,/ Der tut tanzen/ bei den Pflanzen/ Obbemeld'ten Wasserfalls«...
M/Rosa	*unterbricht ihn, lachend Beifall klatschend, und beugt sich dann vor.* Glaubst du, daß Salomon tatsächlich die Sprache der Vögel verstand? Meine Mutter behauptete das. Ich

hab's nie geglaubt, bis ich auf einmal selbst Salomon war und die Tiere verstand: »Jetzt bist du ärgerlich, Lerche, weil du den Witz der Meisen nicht begreifst.« – Bitte, erzähl noch einmal die Geschichte von Salomon und den beiden Huren... nein, erzähl sie lieber nicht; sie ist zu traurig.

Levi *geht auf Mathilde / Rosa zu, fährt ihr mit der Hand über das Haar.* Sag, woran hast du *wirklich* gedacht, als das Todeskommando zurückkam?

M / Rosa Ich? Ans Gefängnis, glaube ich. An die Abende, wenn es still wurde und ich hinaus in die Dunkelheit lauschte. Weit weg schrie ein Kind, aus den Kneipen kam bisweilen Gesang, in der Kaserne spielte ein Soldat Ziehharmonika. Und dann die Vögel hoch unter den Himmeln: der Süden! Ägypten! Die Freiheit! Stell dir vor: gewaltige Scharen, schwirrend wie Wolken. Der Himmel verdunkelt sich; und inmitten der Scharen, unter den Raubvögeln, Adlern und Falken, die kleinen Lerchen und Nachtigallen – ja, lach nur –, Singvögel ohne Angst vor den Mördern. Nennt ihr's nicht Gottesfrieden, ihr Gesetzesausleger, wenn die Wendehälse auf den Kranichen hocken und die Goldhähnchen sich im Gefieder der Eulen verstecken?

Levi Seltsam, jetzt bist du auf einmal wieder wie früher, als wir noch jung waren und den Genossen ihren Vogel zusprachen: Wer kriegt die Elster? Wer den Specht? Für Mehring einen Haubenreiher, für Clara die Nachtigall.

M / Rosa *einfallend.* Und für Radek überhaupt keinen Vogel. Der war eine Schlupfwespe, ein Parasit: heute in diesem und morgen in jenem Gehirn – und immer à jour!
Aus dem Hintergrund tritt, kaum ist der Name gefallen, Karl Radek auf: ein feister Puck mit struppigem Haar, losem Gebiß, dicker Brille; affenähnlicher Gang, unordentliche Kleidung, rutschende Hosen, die »Times« in der Jackentasche.

Radek Botanik und Zoologie, wie ich höre. Bitte, sich nicht stören zu lassen. Harlekin – wie Sie, meine Gnädigste, mich nannten... ich weiß, Sie mochten mich nie... wo war ich? Ach so, richtig – Harlekin hört zu. Schlupfwespe: gar nicht so schlecht. – Kennt ihr übrigens meinen neuesten Witz? Fragt mich Stalin: »Was gibt's Neues von der Opposition?« Sag' ich: »Wir haben gerade die Ämter verteilt. Ihnen, Genosse Stalin, ist der Posten des Rektors einer neu zu gründenden jüdischen Universität zugedacht.« Sagt Molotow: »Aber er ist doch kein Jude. Eher das Gegenteil davon.« Sag' ich zu Molotow: »Bin ich Chinese?« *Er schüttet sich vor Lachen aus, Mathilde / Rosa und Levi blicken befremdet.*

M/Rosa	Deine Geschichten sind nicht besser geworden, Sobelsohn, du solltest mehr denken – *schaut ihn an* – und weniger essen.
Radek	Galant wie eh, die Landsmännin. *Blitzartiger Wechsel des Tonfalls.* Hat er gestanden?
M/Rosa	Wer?
Levi	Er meint mich. – Ob ich dir schon gesagt hätte, daß ich nicht mehr dein Nachfolger bin.
Radek	Hör'n Sie mal, Levi, Sie sind wirklich gut. Nachfolger – wer redet denn *davon*? Er ist überhaupt nicht mehr in der Partei.
M/Rosa	*leise:* Du bist kein Kommunist mehr, Paul?
Levi	Nein.
Radek	Er ist heimgekehrt. Zu seinen Leuten.
M/Rosa	Die alte Hure, immer noch. Du lügst, Radek.
Radek	Frag ihn doch selbst. *Geht auf Mathilde / Rosa zu.*
Levi	Deine Partei ist tot, Rosa Luxemburg: schon viele Jahre lang – und es wird sie nie wieder geben. *Besinnt sich, dann langsam und bestimmt.* Nie wieder... seit jenen Tagen, da die Sendboten aus Moskau – und ihre Eunuchen bei uns! – hier ihre Putsch-Spielchen trieben: Agitation! Aufstand! Flächenbrand! »Es ist zu still, da muß etwas geschehen! Und wenn's von unten nicht geht, dann geht's halt von oben«: Tote in Hamburg. Tote in Halle. Tote in Essen. Tote in Mannheim! *Hat sich in Erregung geredet und*

	spricht immer hastiger. Fähnlein um Fähnlein erhebt sich. Fähnlein um Fähnlein geht in den Tod – wie's die Führung gebot. Ave duces, morituri vos salutant. Und die Zentrale – was tut die? Sie steigert die Aktion! – Nein, Radek, da verblaßt selbst Erich Ludendorffs Name. Der jagte, die Niederlage vor Augen, Klassenfeinde in den Tod; Arbeiter, die kurz vor Schluß noch die Ehre hatten, für ihr sogenanntes Vaterland zu verrecken. *Die* aber – unsere Leute! – schickten ihr eigenes Fleisch und Blut zum Sterben für eine Sache, die sie selbst schon als verloren erkannt hatten... zum Sterben, nur damit ihre Position nicht ins Wanken geriet.
M/Rosa	*sieht Levi mit dem Ausdruck barer Verzweiflung an.*
Radek	*unbewegt und kalt reagierend.* Wenn die Massen träg sind, hat die Zentrale die Pflicht, für ein bißchen Bewegung zu sorgen. Schwimmen, – *deutet auf Mathilde/Rosa* – hat die mal gesagt, lernt man im Wasser. Das sagen wir auch.
M/Rosa	Wir?
Radek	Die Zentrale. In Moskau.
M/Rosa	Aber wir brauchen keine Bolschewiken in Berlin.
Levi	Das sehen die Erlauchten, die Mullas aus Turkmenistan, aber ganz anders.
Radek	Allerdings. *Sie* hatten schließlich gesiegt – und zwar mit einer winzigen Partei.
M/Rosa	Aber hier ist Deutschland, Sobelsohn. Hier muß man die Truppen vereinigen, nicht immer nur: spalten, spalten!
Radek	O doch. Ein rechter Flügel, der lahmt, kann hinderlich sein. Das wissen Sie selbst am besten, Madame, haben's schließlich am eigenen Leibe erfahren. Es gibt nun einmal Situationen, wo nur Eindeutigkeit hilft und – *skandiert* – zum Verräter wird, wer nicht mitmacht. *Die Soldaten hinten auf der Bühne klatschen Beifall. Rufe: »Sehr richtig!« – »Sehr wahr!«*
Pabst	Aber aufgehängt wird er trotzdem. *Gelächter.*
Levi	Und alles auf Kosten der Leute. *Leise.* Unserer besten.

Radek	Märtyrer können nützlich sein. Eine Partei, die auf sich hält, braucht Blutzeugen. *Erneuter Beifall der Soldaten.*
Levi	Rote Heilige also! *Sucht Kraft zu gewinnen.* Ich nenne sie Schlachtvieh.
Mathilde	*öffnet die Pulverschachtel.*
Levi	*winkt ab; dann großer Ausbruch.* Herr, wir sind keine Achtgroschenjungs, die den Provokateur spielen müssen! – Nein, Radek, so bitte nicht! Wer den Genossen helfen will – ach was, Genossen – den kleinen Leuten in aller Welt, der muß eine Plattform haben: die Demokratie, die Republik. – Kein Sozialismus ohne Demokratie, Herr Kommissar.
Radek	*zu Mathilde / Rosa.* Da, Genossin – *weist auf Levi* –, schauen Sie hin: Die Sozialdemokratie hat ihn wieder. Kamerad Levi macht seinen Frieden, – *höhnisch* – Republik... *unsere* Republik.
Levi	Jawohl, unsere. *Unsere*, Radek: wo es Gleichheit für jedermann gibt, nicht nur vor dem Gesetz, sondern auch in der Fabrik, in der Wirtschaft, wo gearbeitet wird, wo man Güter verteilt. Sozialismus – das heißt: totale und umfassende Demokratie, auf allen Gebieten...
Radek	*reinigt sich gelangweilt die Nägel, zu Mathilde / Rosa.* Und die Diktatur des Proletariats? Davon redet Ihr Freund nicht. *Pustet sich die Nägel sauber.* Ihr wißt, meine Lieben, ich bin ein geduldiger Mann. Darum noch einmal: Es gibt Momente in der Geschichte, da man nur ja oder nein sagen kann. Sie sind doch bibelfest, Levi? *Zitiert wie eine Litanei, wobei er sein Gebiß schnalzen läßt.* »Simon, welchen er auch Petrus nannte, und Andreas, sein Bruder, Jakobus und Johannes, Philippus und Bartholomäus, Matthäus und Thomas, Jakobus, des Alphäus' Sohn, Simon, genannt der Zelot, Judas, den Sohn des Jakobus, und Judas Ischarioth, welcher ihn hernach verriet...«
Levi	auslieferte.
Radek	Von mir aus auch das. Hauptsache: Abweichler werden

	eliminiert. Oder glaubt ihr, es hätte eine Kirche gegeben, wenn Bartholomäus »Gott« gesagt hätte und Thomas »Teufel«? Oder umgekehrt? Da war schon ein bißchen Ordnung vonnöten, unter den Herren Aposteln.
Levi	Ein Zentralkomitee, wie bei uns. Mullas und Kardinäle.
Radek	Ein Apparat auf jeden Fall.
M/Rosa	Eben nicht. Hier ist Deutschland, mein Herr; hier brauchen wir Aufklärung, Freiheit, Diskussion; Elan der Straße und keine Bürokratie, kein Regiment einer – *ironisch* – selbsternannten Elite. Ich will keine Freiheit, die nur für Regierende gilt und nicht für das Volk und schon gar nicht für die Opposition.
Radek	*aufspringend.* Nun aber genug! Eine revolutionäre Partei ist kein politisches Warenhaus, Madame, kein Ragout, in dem jedermann – Parole »Freiheit für alle« – herumrühren kann. *Wieder ruhiger.* Nehmt einen Kometen. Da haben wir den festen leuchtenden Kern und, rings um den Schweif, – *Geste* – den schwächeren Lichtkreis, die Ausstrahlung von Materie...
M/Rosa	Ah, jetzt verstehe ich...
Radek	*unbeirrt* ...die noch nicht fest zum neuen Weltkörper kristallisiert ist.
Levi	Das heißt: Sie gehören zum Kern, Radek, und alle anderen – *ausbrechend*: Das ist doch Narretei!
M/Rosa	Der helle Komet, die graue Materie. Masse und Licht. *Lehnt sich zurück.* Sagen Sie mal, Sobelsohn, ich erinnere mich an eine Rede von Ihnen, in der Sie verlangten, die Armee müsse alle Standesunterschiede, Orden und Titel abschaffen. Gilt das noch immer?
Radek	*leicht verunsichert.* Wir sagen jetzt *Genosse* Leutnant, *Genosse* General, *Genosse* Minister.
	Levi und Mathilde/Rosa lachen und applaudieren.
M/Rosa	Und die Orden?
Radek	Orden? Soviel Sie wollen. *Zynisch.* Blech ist wieder gefragt. *Abrupter Wechsel der Stimmlage: Statt des Harlekins redet, auf Levi deutend, der Funktionär.* Der da ist übri-

	gens nicht *gegangen*; wir haben ihn *entfernt*. Hinausgeworfen.
M/Rosa	Wo?
Radek	In Moskau, wo sonst. *Da* wird regiert.
M/Rosa	Weil er Thesen vertrat, die euch nicht paßten?
Radek	Schlimmer: er sagte die Wahrheit – und zwar öffentlich. Darum mußte er weg.
M/Rosa	*ironisch*. Einstimmig beschlossen?
Radek	Überwältigende Mehrheit. 32 : 7 oder so, wenn ich nicht irre.
M/Rosa	Und Lenin? Was sagte der?
Radek	Ach, liebe Genossin, wenn Sie wüßten, – *ironisch* – *wie* der Chef litt nach diesem Ausschluß; *wie* er mich tadelte, weil ich zu hart war mit Levi... bis schließlich selbst ihm die Geduld riß: »Man soll für diesen Mann keine Reklame mehr machen. Man soll ihm nicht erlauben, die Aufmerksamkeit der Partei auf eine Unwichtigkeit, will heißen: seine Person, abzulenken. Man soll schweigen über ihn.«
Levi	*nach langer Pause*. Warten Sie nur ab, Radek, nicht lange mehr – und es geht Ihnen wie mir.
Radek	*wieder seine Brille putzend*. Ja, damit rechne ich.
Levi	Und was werden Sie tun?
Radek	Mich vor den Genossen Richtern verneigen.
M/Rosa	Sie werden gestehen?
Radek	Alles, was die wollen – sobald sie mir die Instrumente zeigen.
M/Rosa	Und sind trotzdem für Terror, Gewalt und...
Radek	Leider. Weil's nicht anders geht. Nicht ohne Disziplin, nicht ohne Führer.
M/Rosa	Also die Diktatur des Bajonetts. »Völker, höret die Fanale«: mit dem Maschinengewehr.
Levi	Und dem Taktstock der Bourgeoisie.
M/Rosa	Generalstabsarbeit! *Zurufe der Soldaten, Beifall*. Kadavergehorsam. Lenin und Ludendorff.
Levi	Und das Volk steht herum, vorm Palast. Und wenn die

	Wagen vorfahren, flüstern die Leute: »Der da, der soll bei Hofe jetzt in Gnade sein. Und der da, der mit der Brille, der macht's nicht mehr lange.«
Radek	*ungerührt*. Wahrscheinlich nicht.
M/Rosa	Und das soll Leben sein, Radek: ohne Freiheit und Kritik? *Leben*, wenn Dschingis Khan...
Radek	*rasch*. Von Stalin war nicht die Rede.
M/Rosa	... das Szepter hebt. Kehrt marsch, weiter nach links, und nun wieder nach rechts und vorwärts und rückwärts... das wäre Leben? – Sagen Sie, Radek, wie viele Ohrfeigen wollen Sie noch?
Radek	Ich bin an Schläge gewöhnt. *Steht auf, geht herum.* Schön hier, mein Lieber. Nur die kleine Statue fehlt mir: Amor und Psyche. *Schlägt sich an die Stirn.* Pardon, die stand ja bei Ihnen, Madame. Die hat mir immer gefallen... vielleicht, weil sie ein bißchen kitschig war. *Kommt einem Einspruch zuvor.* Ich weiß, ich bin ein Barbar; von Kunst verstehe ich nichts, dafür ein wenig von Politik. *Ich* hätte mich anno 19 zurückgezogen an Ihrer Stelle, Genossin, dann wären Sie heute putzmunter. – Aber ich bin ja nur ein Bolschewik, ein Mulla, Levi. *Zu Mathilde/Rosa.* Sie dagegen meinten – hieß es nicht so? –, wenn ein Kind geboren ist, brüllt es und piepst nicht. Sehr schön gesagt; nur leider nicht immer richtig: auch brüllende Kinder können sterben. *Sieht sich suchend im Zimmer um.* Zigarren haben Sie nicht, Levi? Im Schränkchen? *Öffnet den Schrank.* Ah, Likör immerhin. Ich darf doch? *Nimmt ein Glas, gießt sich ein und trinkt.* Vortrefflich, wirklich; exzellent. Sie verstehen zu leben, mein Freund. Reiten Sie noch? *Nimmt noch einen Schluck, geht auf und ab, die Hände hinter dem Rücken verschränkt. Wendet sich plötzlich zu Mathilde/Rosa.* Aber Ihr System gefällt uns nicht, Genossin. Der Luxemburgismus...
M/Rosa	*belustigt*. Luxemburgismus? Was ist das? Eine Ideologie kleiner Völker? Luxemburg den Luxemburgern?
Radek	Auch nicht sehr witzig. Kommen wir zur Sache.

Levi	Einspruch!
Radek	Ah, man ist vor Gericht. Nun, um so besser. Anklagepunkt eins: Kein Wort über den dialektischen Materialismus in Ihrem Werk, Genossin. – Nehm' ich zurück. Wer so lange wie Sie nicht mit Menschen sprechen konnte, sondern mit... Meisen, hat Anspruch auf milde Behandlung.
Levi	Ich warne Sie, Radek! Nicht in diesem Ton.
Radek	*ungerührt.* Die Ordnungsstrafe wird bezahlt. Hier ist ein Groschen. *Kramt in seinen Taschen, beklopft sein Jackett, die Hose rutscht, die »Times« fällt auf den Teppich. Endlich wird das Gesuchte in der Gesäßtasche gefunden.* Punkt zwei: Es gäbe, behaupten Sie, keinen reinen, in sich selbst rotierenden und an seinen eigenen Widersprüchen scheiternden Kapitalismus. – Tatsächlich nicht? Ja, kennen Sie denn das Dogma der Klassiker nicht? *Betet litaneiartig herunter:* Die Verwendung von Mehrwert in Kapital, das heißt, die erweiterte kapitalistische Reproduktion ist nur unter einer Bedingung möglich: wenn der zur Akkumulation bestimmte Teil des Mehrwerts von vornherein in der sachlichen Gestalt von produktivem Kapital erzeugt wurde, das heißt...
M/Rosa	Amen.
Levi	*fällt ein.* Amen.
M/Rosa	Ich kenne die Liturgie, Radek. Sie ist falsch. Das Kapital lebt nicht aus eigener Kraft. Es braucht Hilfe aus armen Ländern. Ihre Akkumulation, Herr, ist keine Erbsünde, kein einmaliger Akt, der – wie sagen die Klassiker doch? – mit eiserner Notwendigkeit irgendwann einmal zum Zusammenbruch führt. Und darum, lieber Radek, kann es auch keinen automatischen Zusammenbruch geben – haben Sie das kapiert? – Eine Katastrophe? Meinetwegen. Aber erst am Ende der Tage, wenn die gesamte Erde vom Kapitalismus, der kein Gegenüber mehr hat außer sich selbst, okkupiert worden ist: also vielleicht schon bald, wenn ihr nicht

	aufhört, eurer Bibel mehr zu glauben als der Welt ringsum.
Radek	Gut, geht ins Protokoll. Trotzdem: Die Partei des Marxismus-Leninismus mißbilligt Ihre Thesen und erklärt sie für Häresie. – Nun zu Punkt drei. Pardon, wir sind erst bei zwei, den ersten hatte ich ja fallengelassen. Sie bestreiten, daß es einen Sozialismus in *einem* Land geben könne. Sie behaupten, die Umwandlung der Gesellschaft könne nur international oder überhaupt nicht erfolgen. – Das ist eine Beleidigung der Sowjetunion.
M/Rosa	Ja, ist denn Rußland die Welt? Gibt es nicht überall, in jedem Land, Arme und Reiche?
Radek	Und keine Nationen? Jetzt geht's ans Eingemachte, Madame! Kein Selbstbestimmungsrecht für Deutsche und Polen, Russen und Italiener?
M/Rosa	Nein, Radek, nur für Menschen: Jud und Christ, Mann und Frau, den Greis und das Kind – für alle, die unter der einzigen Internationale leben, die zählt, der Internationale des Hungers. Nation oder Sozialismus, Radek – dazwischen gibt's keine Verbindung. *Die Soldaten akklamieren, ohne daß einer der Akteure Notiz von ihnen nimmt.* Mein Vaterland heißt: Sozialismus, nicht Polen oder Deutschland. Mir sind die armen Opfer der Gummiplantagen in Putamayo, mit deren Körpern die Europäer Fangball spielen, ebenso nah wie Ihre Schlesier oder Ruthenen oder Podolen. *Zu Levi.* Weißt du noch, Lieber, wie du mir aus dem Bericht des Generalstabs über den deutschen Feldzug in der Kalahari vorgelesen hast? »Und das Röcheln der Sterbenden, der Wahnsinnsschrei der Verdurstenden verhallten in der erhabenen Stille der Unendlichkeit.« *Steht auf, geht auf Radek zu.* Und diese erhabene Stille der Unendlichkeit, Radek, die klingt in mir so stark, daß ich keinen Sonderwinkel im Herzen für *einen* Bereich habe, den nationalen zuallerletzt. Ich, mein Herr, fühle mich in der ganzen Welt zu Hause, überall, wo es Wolken und Vögel und Menschentränen gibt.

Radek	Das ist Häresie von A bis Z! *Lässig.* Sie könnten es auch Schwärmerei am Kamin nennen, Madame. Die jüdische Intelligenz des alten Europa – wir sind hier ja unter uns – parliert über die klassenlose Gesellschaft. *Ironisch.* Sonderwinkel des Herzens! Die Bürgerkinder spielen Weltrevolution: bei Chopin-Musik und Shakespeare-Lektüre. *Genüßlich.* Putamayo – wie das klingt. Aber die Wirklichkeit sieht anders aus: Die Dreher und Metteure, Arbeitslosen und Frauen, die zehnmal geboren haben...
M/Rosa	*zu Levi.* Der Mann kennt das Leben.
Radek	... die brauchen etwas, woran sie sich halten können.
M/Rosa	Die Nation.
Levi	Die Kirche.
Radek	Die Partei.
Levi	Die Partei! Die Partei! Erst: ohne die Massen, dann: an Stelle der Massen, und schließlich: gegen die Massen. Das nenne ich mir Moral.
Radek	Moral – auch so ein Wort aus dem Salon. Ein bißchen Jesus, ein bißchen Kant. *Packt seine Papiere ein.* Tut mir leid, Genossin, aber Ihr Fall ist entschieden.
Levi	*ironisch.* Die Partei hat gesprochen, ex cathedra, wie sich versteht; die Internationale zu Moskau spricht urbi et orbi, und das Volk schlägt sein Kreuz. *Zitiert:* »Herr, schicke, was du willst, / ein Liebes oder Leides; / ich bin getrost, daß beides / aus deinen Händen quillt.«
Radek	Mörike. Hab' ich gelesen, als ich in Göppingen war. Kein schlechtes Gedicht. *Wiederholt die Verse auf schwäbisch. Dann zu Mathilde/Rosa, Geste mit den Fingern.* Fehler in der Frage des Selbstbestimmungsrechts der Völker. Fehler in der Frage der Partei. Fehler in der Frage der kapitalistischen Praktik... Es reicht, denke ich.
Levi	»Und Gott sah an, alles, was er gemacht hatte, und siehe, es war sehr gut.«
Radek	*plötzlich sehr ernst.* So kann nur ein Mann reden, Levi, der Heimweh hat. Heimweh nach dem Paradies, aus dem man ihn verstieß: Genesis drei.

Levi	*gleichfalls sehr ernst.* Ja, Radek, ich habe geweint, damals, als ihr mich hinauswarft und meine Freunde mit mir.
Radek	Dein Ausschluß schaffte der Partei Respekt. *Prüft die Sauberkeit seiner Brille.* Das ist kein Satz von mir.
Levi	Nein, von Ernst Reuter. Drei Monate später ist er »gegangen« – genauso wie ich. *Geste: hinausgeworfen.*
M/Rosa	Es wird Zeit für Sie, Radek. Ich wünschte, ich hätte Sie nicht wiedergesehen.
Radek	Ich weiß, Sie haben mich niemals gemocht. – Es tut mir leid, Madame, aber wer sich von uns abwendet, hört auf, ein Sozialist zu sein.
M/Rosa	Genug jetzt, Sobelsohn. Ihr seid nicht der Weltgeist, ihr Herren vom ZK, mit eurer Selbstgerechtigkeit und Brutalität.
Radek	*geht durch den Raum.* Oh, ich verstehe euch ja. Blumenduft und Vogelsang, Kakteen und kostbare Bücher: da kann man schon den Blick verlieren für Leute wie mich. Aber ich sage euch beiden: Mit Madame Luxemburg und Monsieur Levi verglichen, sind für mich selbst die Soldaten der Konterrevolution brave Jungs, die mit den russischen Arbeitern und Bauern antreten werden, wenn's zum Appell geht: Männer, die mit uns – und der Partei! – für die Befreiung der Werktätigen kämpfen, die identisch ist mit der Freiheit des deutschen Volkes. – *Die Soldaten applaudieren leidenschaftlich. Hochrufe und Waffengeklirr.*
Levi	Ich sehe, man versteht sich.
Radek	*wendet sich um, will gehen, kehrt noch einmal zurück.*
Levi	*auf das Schränkchen deutend.* Bitte, bedienen Sie sich. Aber machen Sie's kurz.
Radek	Sorry, Levi – aber Ihr Fall hat seinen Segen gehabt. Klare Linie seitdem. *Trinkt.* Mein Gott, ist der gut.
Levi	Ende der Diskussion. Der Abtrünnige erledigt. Eine Warnung an alle.
Radek	Im Schützengraben wird nicht debattiert. Da braucht man Kämpfer und keine Redner. *Beifall von den Soldaten.*

Levi	Richtig, da geht's ja ans Sterben.
Radek	Leute wie Sie, Levi, die während der Revolution Zeit fanden, Vasen zu sammeln, und sich langweilten, wenn's um tägliche Parteiarbeit ging, Leute mit Ihrer Feinfühligkeit und Eigenliebe mögen Redner – Schriftsteller sein; Kommunisten sind sie nicht. Ein Kommunist nämlich muß auf alles verzichten, was ihm lieb ist. Aber gerade das will der Herr Aestheticus nicht. Er fühlt sich bedrückt, will weglaufen; man muß ihm Kampfereinspritzungen machen, ihn an der Eigenliebe kitzeln, denn die Asche unserer Märtyrer brennt nicht auf seinem Herzen. Er bäumt sich auf, aber vergeblich: Diese verfluchten Proleten werden nie einen Sinn dafür haben, wie er sich opfert für sie – indem er nur noch *einmal*, ach, ein einziges Mal in der Woche, seine schönen Vasen ansehen kann. *Hält inne: ob er noch etwas hinzufügen kann?, verneigt sich dann hastig und clownesk und geht mit Kratzfüßen ab.*
M/Rosa	Das klang wie eine Rede am Grab.
Levi	Ein Selbstportrait. Sie werden ihn erledigen; Harlekin wird bald aufhören, Witze zu machen. »Das Proletariat« – hat er einmal gesagt – »wird der Hammer sein, der seine Nägel in den Sarg der Feinde rammt.« – Du wirst daran denken, Karl Radek. *Lehnt sich in seinem Sessel zurück.* Trotzdem, ich habe eine Schwäche für diesen Kerl und spreche gern mit ihm, hier, von alten Tagen. Wie oft waren wir in der Spiegelgasse zusammen, in Lenins Zimmer! Er schon damals immer mit der »Times« in der Tasche, und dann, ja, jetzt erinnere ich mich, der Tag in Davos. Wir waren Nachbarn und trafen uns jeden Morgen, um in Davon-Platz die Depeschen zu lesen, die die Schweizerische Telegraphen-Agentur dort anschlagen ließ. Es war wohl Februar. Zwei Telegramme. In Petersburg sollen Unruhen sein, Revolution: das war die erste Depesche. Und die zweite, daneben: Der deutsche Sprachverein besteht darauf, daß die Vereinbarungen künftiger Friedensverhandlungen in deutscher Sprache

	abgefaßt werden. – Da hättest du Radek sehen sollen. Der Kerl lachte Tränen.
M/Rosa	Und du?
Levi	Ich las erst das Telegramm aus Petersburg.
M/Rosa	Und er?
Levi	Interessierte sich nur für das andere.
M/Rosa	Eben, so ist er. Ein Clown, der über seinen roten Mantel lacht.
Levi	Wenn er allein ist.
M/Rosa	Schade, daß Shakespeare ihn nicht gekannt hat. Als Totengräber wäre er vortrefflich gewesen.
Radek	*kommt zurück.* Nicht die schlechteste Rolle, Madame, für einen wie mich. *Nimmt die Likörflasche.* Ich darf doch? *Verneigt sich und stürmt hinaus.*
M/Rosa	Widerlich! *Geste: rasches Einstecken eines Gegenstands.* Er macht es immer noch.
Levi	Ein armer Hund. Wollte nur hören, worüber wir reden.
Mathilde	*für einen Augenblick in die Eindeutigkeit zurückgeholt, steht auf und ordnet die Decken und Kissen auf Levis Stuhl.*
Levi	*gleichfalls für einen Moment in der Wirklichkeit agierend.* Ich danke Ihnen, Mathilde. – Bitte, erinnern Sie mich an das Plädoyer. Ich muß noch viel ändern.
M/Rosa	*hinter ihrem Stuhl, jetzt wieder als Rosa Luxemburg.* Ob sie's wirklich gewagt hätten, mich hinauszuwerfen? Zu... erledigen?
Levi	Du hättest keine Chance gehabt. Natürlich habe ich manchmal davon geträumt – *nimmt Schachfiguren auf* –, wir zwei, du hier, ich dort... die Siegelbewahrer der Wiedervereinigung – unserer beiden Parteien.
M/Rosa	Und du meinst wirklich, ich könnte vergessen, wie mich die Partei verraten hat... *Deine Partei*, als sie die jungen Männer in den Krieg ziehen ließ, in den Tod? Und hatte doch geschworen: Nie wieder!
Levi	*sucht nach einer Antwort, vergeblich, senkt den Kopf.*
M/Rosa	Nie wieder Krieg: hieß es nicht so? Haben Jaurès und Bebel etwa nicht geschworen, in Basel, am Grab des

	Erasmus von Rotterdam: »Unsere Söhne werden einander nicht töten.« Und was geschah? Sehen Sie mich an, Genosse Levi! Die Kriegskredite bewilligt, für einen Raubkrieg gegen die Völker der Welt! »Gott mit uns« zum Wohl des Kapitals! Erich Ludendorff lädt ein – zum großen Totenmahl! Stillgestanden, Kameraden, eure Stunde ist da!
Levi	*hält sich die Ohren zu.* Hör auf, ich bitte dich! *Leise.* Du hast ja recht. Recht! Recht! Recht! Und als es vorbei war – *bitter* – vorbei –, da haben sie die Generäle gerufen und nicht das Volk. Die Roten gejagt und die Schwarzen entschuldigt und mit angesehen, wie die Justiz die Mörder laufen ließ und die armen Teufel ins Gefängnis warf: es waren ja Kommunisten!
M / Rosa	Wie du und ich!
Levi	*unbeirrt fortfahrend.* Und wenn ein Kommunist einen Sohn zeugte, dann war es kein Stammhalter, sondern ein Soldat für die Rote Armee. *Sachlich.* Nein, ein Puppenmacher aus dem Erzgebirge, der hatte keine Chance, wenn er ein paar Pfennige stahl. Der wurde eingesperrt.
M / Rosa	...und seine Familie konnte verrecken, während die Fürsten ihre Apanagen erhielten – von deinen Leuten!
Levi	Ja! Ja! Ich weiß. Haben ihren Zauberlehrling gerufen, die Herren der Linken, ganz rechts, und ahnten nicht, daß der Tag kommen würde, an dem die Gesellen – im feldgrauen Rock und das Hakenkreuz auf dem Stahlhelm – ihr eigenes Leben bekämen, um sich – *kalt akzentuierend* – mit geschichtlicher Notwendigkeit gegen alles zu wenden, was sich ihnen in den Weg stellen würde... auch gegen diejenigen, die einmal glaubten, ihre Herren zu sein.
M / Rosa	*klatscht in die Hände.* Vortrefflich, Genosse Levi! *Anderer Tonfall.* Freilich, da wäre noch eins: Haben Sie wirklich vergessen, daß es Ihre Leute waren – Sozialdemokraten! –, die mich hinrichten ließen?
Levi	Das ist nicht wahr!

M / Rosa	Aber sie haben's geduldet! Geduldet? Mehr als das! Sie haben mitgemacht! Ja, schlimmer noch: Sie haben andere für sich arbeiten lassen. Hauptmann Pabst schlägt zu, und der Genosse Noske sagt »Gut gemacht, Kamerad!« *Beifall der Soldaten.* Kommunisten und Sozialdemokraten – wann wirst du das endlich begreifen, Paul Levi – trennt eine riesige Kluft: *mein Grab.*
Levi	*aufblickend, entschlossen, die Position des Angeklagten zu verlassen.* Jawohl, dein Grab! Niedergetrampelt von Radek und seinesgleichen: Hast du nicht gehört, was er sagte, vorhin, und Lenin hat nicht anders gesprochen: »Ihr System ist von der Zentrale verworfen worden, Genossin!« Und das ist nicht alles: »Der Syphilis-Bazillus des Luxemburgismus ist für die Partei die Pest des Jahrhunderts, wir Kommunisten haben dafür zu sorgen, daß...«
M / Rosa	Jetzt bitte *ich* dich: Hör auf!
Levi	Siehst du? *Halb für sich.* Das geringere Übel – wie habe ich diese Phrase gehaßt; aber es gibt Augenblicke – *geht auf Rosa zu –,* da stimmt sie auf einmal: jetzt! Hier in Deutschland! Jetzt geht es um Leben und Tod, die Republik oder die Barbarei. Die Kommunisten: das ist eine Sekte, die insgeheim mit den Faschisten paktiert. Von uns allein – ich sage: von *uns* – hängt es ab, ob die Demokratie lebt oder stirbt. Und wenn sie stirbt, dann sind die Nationalsozialisten die lachenden Erben. *Sehr leise.* Wir haben nur noch wenig Zeit, und das einzige, was die Revolution den deutschen Arbeitern gebracht hat, ist in großer Gefahr. Wir *müssen* sie verteidigen, die Republik. – Ach. Liebe, ich weiß, viel ist nicht übriggeblieben vom 9. November. Nein, unsere Träume haben sich nicht erfüllt. Du kannst auch sagen: Wir sind besiegt. *Betrachtet das Schachspiel.* Aber noch lange nicht matt. Glaub mir, Rosa, diese Republik ist nur noch von der Mehrheit aus zu verteidigen, mag sie sein, wie sie will – mein Gott, sie sieht erbärmlich aus! – im Parlament also, und nicht durch den Putsch einer Sekte.

M/Rosa	Und deine Genossen hören auf dich?
Levi	Sagen wir: Ich werde respektiert. Opposition in der Opposition, wenn du so willst: gerade recht für einen Strafverteidiger.
M/Rosa	Und wofür plädierst du?
Levi	Ich sag's noch einmal: für die Erhaltung der Republik. Sie aufzugeben, hieße: Zerschlagung des Bodens, auf dem wir, als Linke, arbeiten können – in legaler Form jedenfalls.
M/Rosa	Du hast dich nicht verändert, Paul. Attacke aus der Defensive, wie immer. Die große Opposition! *Zeigt auf das Schachspiel.* Wenn ich richtig sehe, stehen um den König nur noch ein paar Bauern herum.
Levi	Keine schlechte Besetzung. *Schiebt Figuren auf dem Brett.* Der Abgeordnete Levi und seine Leute aus Plauen. »Genosse Paul« nennen sie mich und lachen längst nicht mehr über mich.
M/Rosa	Sie haben gelacht?
Levi	Ja, weil ich nur Schwäbisch kann und kein Sächsisch.
M/Rosa	*geht auf Levi zu.* Und du bist trotzdem allein. *Blickt aufs Schachbrett.* Seltsame Leute, wir zwei: der König...
Levi	...die Königin –
M/Rosa	– und die...
Levi	...Bauern –
M/Rosa	die ich immer unterschätzt habe. *Abrupt.* Wärst du lieber ganz allein... ohne Partei?
Levi	Manchmal schon. Auf niemanden Rücksicht nehmen zu müssen, wenn du plädierst, auf keine Partei, keine Genossen – oh, das ist angenehm: Clemenceau im Dreyfus-Prozeß...
M/Rosa	Clemenceau – der gefällt dir?
Levi	Er ist so witzig. Ein bißchen Esprit, eine Prise Sarkasmus, ein Quentchen Selbstironie – und eine winzige Unze Humor, französisch, natürlich, nicht deutsch. »Diese Rose sieht aus wie ein junges Mädchen, dem man etwas Gewagtes gesagt hat.«

M/Rosa	*kopfschüttelnd.* Das findest du witzig?
Levi	Gut – dann vielleicht dies? »Zur Zeit schwanke ich zwischen dem Wunsch zu leben, um das Meer zu betrachten, und dem Wunsch zu sterben, um Léon Blum nicht mehr sehen zu müssen.«
M/Rosa	*lachend.* Na, immerhin. Aber Lessing ist besser.
Levi	Unser altes Spiel wieder mal? Aperçus aus zehn Jahrhunderten? Laß hören.
M/Rosa	Ein Scherz für Juristen.
Levi	Man ist gespannt.
M/Rosa	Sinnspruch für einen Gehängten.
Levi	Fällt mir nicht ein.
M/Rosa	»Hier ruht er, wenn der Wind nicht weht.«
Levi	Wie hätte Fontane gesagt: »Der ist uns über.«
M/Rosa	Unser Spiel geht noch weiter. Punkt zwei: Wen laden wir ein, heute, hierher zur Soiree? – Du fängst an.
Levi	Caesar. Sein Latein ist verständlich.
M/Rosa	Friedrich den Großen. Seine Dramen sind gut, nur ein bißchen frivol.
Levi	Bismarck, um ihn zu ärgern. *Zitiert:* »Wer werden die Aufseher sein in dem allgemeinen sozialistischen Zuchthaus? Das werden die Redner sein, die durch ihre Beredsamkeit die Majorität der Stimmen für sich gewinnen. Gegen die wird kein Appell nützen. Das werden die erbarmungslosesten Tyrannen sein.« *Levi und Mathilde/Rosa lachen fröhlich; Levi mit erhobenem Zeigefinger.* Immer diese Redner! Nun wieder du.
M/Rosa	Lassalle. Weil er mich lieb gehabt hätte. Und ich ihn auch.
Levi	Simon Petrus. Weil er so ängstlich war und eben deshalb ein Held. Außerdem konnte er viele Sprachen seit Pfingsten.
M/Rosa	Ja, den nehme ich auch. Weil er immer alles falsch gemacht hat – genau so wie du – und kam trotzdem ans Ziel. *Schaut sich um.* Du wirst sie gut aufbewahren, nicht wahr, die Hefte – »Stengel: leicht aufsteigend,

	zart behaart« –, und an mich denken? *Sehr leise, vor sich hin.* Ich wollte immer auf Barrikaden sterben, mit dem Pistol in der Hand – Hölderlin im Matrosenanzug – und du?
Levi	Eher zivil: »Sie haben noch ein Jahr zu leben« – was man dann täte. Alles zum letzten Mal. Zum letzten Mal im Parlament, im Konzert, in der Wohnung. Zum letzten Mal die Robe und draußen die Peitsche des Kutschers...
M/Rosa	... am Volant eines Chevrolets...
Levi	... zum letzten Mal. *Abbrechend.* Sag mal, wenn du in einem einzigen Satz sagen solltest...
M/Rosa	Unser Programm?
Levi	Ja.
M/Rosa	*besinnt sich.* Dem Menschen eine neue Rolle zu geben – in einer friedlichen Welt, in Harmonie mit aller Kreatur – die Blumen nicht zu vergessen und auch die Steine. – Ach Paul, noch einmal – ja, dein *Noch einmal* – der Genfer See und die Dampfer, die von oben wie ins Wasser gefallene Maikäfer aussehen, und die weißen Schaumschleppen dahinter und hoch unterm Himmel der Silberglanz des Dent du Midi. – Oder der letzte Frühlingsmorgen unter den Gefangenen. Und zum letzten Mal Abschied: von meinem kleinen Soldaten, er hielt mich fest und wollte nicht gehen. Er hat geweint. – Noch einmal Johannistag, Paul, wenn der Drehorgelmann den Biedermeierwalzer spielt. *Beugt sich weit vor.* Ich habe Angst, Liebster. *Zeigt auf die Soldaten im Hintergrund.* Sie kommen! Sie nehmen mich mit! *Stürzt hinaus, die Soldaten verfolgen sie.*
Levi	*geht ihr nach, schaut aus dem Fenster, öffnet, um es sogleich wieder zu schließen.* Wie kalt es ist, draußen, und so dunkel – genau wie damals. Kein Mond, kein Eis auf dem Wasser, aber die Bäume ganz weiß und die Sträucher am Ufer... – *schaut auf seine Hand* – wie Totenfinger, die... *Abbrechend.* Wie lange ist das jetzt her? Elf Jahre, ein Monat... 16 Tage... Sommer und Winter, und es vergeht keine

Nacht, in der ich nicht mit dir spreche. *Ausbrechend.* Sag mir doch etwas! Nur ein Wort! Ich bin so allein! *Leise.* Ach, wie oft haben wir darüber gesprochen, damals: Wenn zwei Menschen sich lieben, bleibt irgendwann einer zurück. Das klingt so einfach – aber wenn du dann vor dem Sarg stehst, und er senkt sich, so tief, so tief in die Erde hinunter, dann ist plötzlich alles ganz anders. Wäre ich fromm – aber ich bin's nicht –, würde ich sagen: Nicht lange mehr, dann sind wir wieder zusammen. Der Tod, Liebste... Ich hab' keine Angst, aber ich höre dich nicht mehr; du bist so weit weg, da drüben, am anderen Ufer. Komm, erzähl mir noch einmal eine Geschichte, vom Drehorgelmann, du weißt doch, oder vom Johannistag oder von der Osterzeit, wir waren zusammen – erinnerst du dich? – in Berlin. *Hält lauschend inne.*

M / Rosa	*in großer Entfernung, spricht sehr leise.*
Levi	*beugt sich vor, als geschähe jetzt, in diesem Augenblick, was erzählt wird: zart und litaneiartig.*
M / Rosa	*an der Rampe.* Wenn ich an einem lauen Frühlingstag durch die Straßen schlendre, beide Hände in den Taschen des Jäckchens, ohne Ziel, nur um das Leben einzusaugen – aus Häusern tönt österliches Matratzenklopfen, eine Henne gackert irgendwo laut, Schulbuben balgen sich auf dem Nachhauseweg mit hellem Geschrei, ein vorbeikeuchender Stadtbahnzug sendet einen kurzen grüßenden Pfiff in die Luft, ein schwerer Bierwagen rattert die Straße hinunter, irgendwo schilpen lärmend die Spatzen... gibt es ein höheres Glück als solch zielloses Herumstehen auf der Straße in der Frühlingssonne, die Hände in den Taschen und ein Sträußchen für zehn Pfennig im Knopfloch?
Levi	*sinnt den Worten nach, hält die Hände vor die Augen.*
Mathilde	*kehrt zurück.*
Levi	*geht auf sie zu, schaut sie, wie eine Fremde, lange und prüfend an, beugt sich mit altvorderlicher Courtoisie über ihre Hand, schaut sie noch einmal prüfend an, betrachtet das Selbstportrait der Käthe*

	Kollwitz, vergleicht die Frau vor ihm mit dem Bild und lächelt befriedigt: sie ist es. Das ist sehr freundlich von Ihnen, gnädige Frau, daß Sie zu mir gekommen sind. Ich hatte Fräulein Jacob zu Ihnen geschickt. Nicht ungelegen, hoffe ich. – Sie wollen mich malen? – Aber nehmen Sie doch Platz. Ich möchte Ihnen danken, daß Sie unsere toten Genossen malten, im Schauhaus, als Fräulein Jacobs Sie darum bat.
M / Kollwitz	Sie meinen Leo, wie man ihn nannte?
Levi	Ja, Leo Jogiches, und davor Karl Liebknecht, meinen Freund. *Nach einer Pause.* Wie sah er aus?
M / Kollwitz	Rote Blumen. Viele rote Blumen um die Stirn, und – warten Sie – auch auf dem Totenhemd. Rot und Schneeweiß. Der Mund: ein wenig geöffnet, die Hände auf dem Schoß, nebeneinander. Und das wichtigste: um die Augen ein großes Erstaunen, so, als ob er sich noch immer wunderte über das, was sie getan hatten mit ihm.
Levi	Sie werden mich malen, nicht wahr? *Nimmt Mathilde / Kollwitz bei der Hand und geht mit ihr zum Fenster, wo in diesem Augenblick der Kollwitz-Holzschnitt »Gedenkblatt für Karl Liebknecht« aufleuchtet, verzerrt, aber deutlich erkennbar.* Mit den Arbeitern aus Plauen und Chemnitz an meiner Bahre: *Unser Genosse Paul ist heute gestorben.* – *Dreht sich um. Das Bild erlischt.*
M / Kollwitz	Liebknecht ist tot, Dr. Levi, Leo Jogiches auch; aber Sie leben.
Levi	So viele Tote. Warum?
M / Kollwitz	Sie werden so schnell vergessen; ich muß sie retten, verstehen Sie, und sie behüten. – Dabei habe ich Liebknecht, solange er lebte, gar nicht gemocht. Er sprach immer so laut. Aber als er da lag, in seinem Totenhausbett, da wußte ich auf einmal, wie er wirklich war: leise und sanft. – Ihr redet alle zu laut in eurer Partei. Immer die großen Worte: Klassenkampf, Bourgeoisie, die Diktatur des Proletariats... grad so, als könne eine Diktatur, auch wenn's die beste wäre, jemals segensreich sein. –

	Ich sehe immer nur den einzelnen: wie er weint und flucht und schreit und sich betrinkt.
Levi	Das hungernde Kind, der Mann ohne Arbeit...
M/Kollwitz	...die Mutter, die in der Mietskaserne, und die in Dahlem, die Angst hat um ihren Sohn. Oder meinen Sie wirklich, der Schrei sei leiser, in der Wohnung des Fabrikanten als in der Kammer des Kätners, wenn der Pfarrer ins Haus kommt? Du siehst ihn von weitem und betest: »Herr Gott, laß ihn vorbeigehn an meiner Wohnung.« Aber er klopft an die Tür, pocht und pocht und tritt ein: »Ihr Sohn ist gefallen.« Und das ist dann, als ob sie dir dein Kind noch einmal vom Nabel abschnitten: erst zum Leben, dann zum Tod. – Seltsam, daß das eine je vergißt. Daß es immer noch Krieg gibt, und unsere Kinder – vernichtet wie Distelgestrüpp. Saatfrüchte dürfen nicht vermahlen werden; sonst gibt's kein Leben mehr.
Levi	*hart.* Und trotzdem Krieg. Krieg, solange es Untere und Obere gibt, Vaterländer, Nationen.
M/Kollwitz	Sie haben recht, Levi. *Wenn* einer den Krieg verhindern kann, dann am ehesten die armen Leute, das Kanonenfutter für den Sieg des Vaterlands. Ich weiß... ich bin keine Revolutionärin, aber seid ihr weitergekommen mit euren großen Parolen? Stark, lieber Freund, sind nur die Schwachen. Wer etwas erreichen will, hat sich zu bücken, dann sieht er auf einmal die Leute, die sich neben ihm bücken. Darum gehe ich so häufig ins Schauhaus, um mir die Kinder einzuprägen, die an die Glasscheibe pochen: Nummer 84, ist das der Vater? – Ihr aber redet immer so gewalttätig, Levi, ohne Erbarmen. Stellen Sie sich vor – zehntausend Mütter auf einem einzigen Platz: »Wir geben unsere Kinder nicht her!«
Levi	Man wird sie niederkartätschen.
M/Kollwitz	Zehntausend, vielleicht.
Levi	»Panzerkreuzer Potemkin«, die Treppe von Odessa. Denken Sie an den Kneifer und den Mund der Frau. *Nachsinnend.* War's eine Lehrerin? Das blutige Gesicht!

M/Kollwitz	Hunderttausende! Stunde für Stunde, Tag für Tag.
Levi	Rituale verbrauchen sich schnell.
M/Kollwitz	Dies nicht: *Nie wieder Krieg!* Ich kenne mich aus, Dr. Levi, im Schauhaus, auf den Friedhöfen, bei den Beerdigungen und den Demonstrationen, die Straßen entlang zu den Plätzen, von überall her: Musikkapellen und rote Fahnen im Wind, Kinder mit Kränzen und offene Wagen, Internationale und Marseillaise!
Levi	*beugt sich zu Mathilde/Kollwitz hin.* Pardon, meine Gnädigste, aber ich dachte eben wahrhaftig... Sie sprachen so, als ob... nein, natürlich, Sie sind Frau Kollwitz – *vergleicht noch einmal Bild und Person* –, sind es wirklich, erzählen Sie weiter.
M/Kollwitz	Mit Kreuzen müßten wir kommen, mit hunderttausend winzigen Kreuzen: gefallen vor Ypern, bei Nowgorod, am Toten Mann, geblieben auf See. Mit Kreuzen in den Händen, Väter und Mütter und Kinder! Und mit Schildern, bunten Tafeln, auf denen steht: *Du sollst nicht töten!* Und mit Bildern – ich werde eins malen, und es soll tausendfach abgedruckt werden: Jesus, mit den Kindern im Arm – Berliner Jungs, Levi, die Schutz suchen bei ihm vor den Soldaten.
Levi	Sie werden's mir schenken?
M/Kollwitz	*steht auf.* Ja, gern. *Verbeugt sich.* Leben Sie wohl, ich habe noch zu arbeiten, ein Grabstein: zwei Hände, die einander berühren.
Levi	Das ist schön. Trotzdem: ein Bild. Ich will keins, wenn's soweit ist. Nur meinen Namen. *Lächelnd.* Nein, auch kein »Zwi-zwi« – und keine Rede am Grab. Ich könnte mich ärgern, wenn's zu feierlich wird. *Bringt Mathilde/Kollwitz zur Tür, verneigt sich, hält ihre Hand lange in der seinen, geht, während Mathilde, von Levi unbeachtet, an ihren Platz zurückkehrt, zum Fenster, schaut hinaus.* Leben Sie wohl... *Besinnt sich.* Leb wohl, Liebe. Du hast nichts mehr gespürt, sagen die Ärzte. Du warst schon tot, als sie dich ins Wasser warfen, da unten. *Geht zu seinem Sessel zurück, setzt sich,*

	summt, als sei's ein Kinderlied: »Für... Rosa... Luxemburg... sind... wir...« – *Pochen an der Tür. Mathilde erhebt sich, um zu öffnen.*
Levi	Jetzt? Um diese Zeit? Ach, Sie sind's, Einstein! *Reicht ihm im Sitzen die Hand.* Pardon, es geht mir nicht gut. *Da Einstein Anstalten macht, wieder zu gehen*: Nein, bleiben Sie nur. Sie sind hier willkommen, das wissen Sie doch. Ein Jud, ein Linker, ein Schwab – was will man mehr?
Einstein	Wollte nur danke schön sagen für Ihr Plädoyer – gegen den Reichsanwalt, mein' ich. Wie hieß er noch gleich? Jörns oder Jorns – tut nichts zur Sache. Ich wollt', ich könnte auch so sprechen wie Sie, lieber Paul. Habe sie genau vor mir gesehen, die Kameraden: roh und gemein, wie sie geworden sind, im Krieg. Und da reden die Leute davon – ich glaub', sogar Lenin? Oder war's Mussolini? Wahrscheinlich beide – der Krieg würd' die Menschen verändern, zum Guten, natürlich, und Täter statt Prediger schaffen. Dann, bitte sehr, doch lieber Pastoren. Immer noch besser als die Millionen von Toten, denen man Triumphe versprach. Als ob es Siegesparaden gäbe, im Grab. *Geht herum.* Schön haben Sie's hier, kann es nicht oft genug sagen.
Levi	*für sich.* Das sagte Radek auch. *Lächelnd.* Fast so nobel wie Sie.
Einstein	Wir Schwaben sind halt gediegene Leut. – Die Frau läßt übrigens grüßen. Würd' Sie gern auch mal wiedersehen. *Zieht ein Papier aus der Tasche.*
Levi	Ach deswegen sind Sie gekommen? Wieder mal eine Resolution? Aufruf an die Jugend der Völker, den Krieg zu verweigern. Albert Einstein, Professor und Pazifist, immer voran?
Einstein	*nickt.* Frage: Was würden Sie tun, wenn ein neuer Krieg ausbräche? – Antwort: Ich würde mich jedem direkten oder mittelbaren Kriegsdienst unbedingt widersetzen, ich würde versuchen, viele Freunde zu werben, die den

	Wehrdienst verweigern, und bin bereit, dafür ins Gefängnis zu gehen. Zu riskant wieder mal?
Levi	Ach, Einstein, Sie immer mit Ihren Papieren. Aufrufe an alle Welt, die niemand liest, auch wenn sie die Zensur mal zufällig passieren.
Einstein	Was allerdings selten geschieht.
Levi	Nein, nein, lieber Freund, das hier – *gibt ihm das Papier zurück* – nehmen Sie nur wieder mit. In der Sache sind wir uns einig – nur: die Entscheidung, Kriegsdienst ja oder nein, Panzerkreuzer oder Suppenküche, die fällt im Parlament – und auf der Straße. Und Kriege wird's geben...
Einstein	...solange Menschen da sind, die an Kriegen verdienen: ein Taler für jedes Geschoß und tausend für jede Kanone. Eine feine Gesellschaft! Erstes Gebot: Ich bin das Geld, dein Gott. Du sollst nicht andere Götter haben neben mir.
Levi	Das heißt: Kein Friede ohne Sozialismus in aller Welt. Könnte von mir sein. Sie werden immer radikaler, Genosse Einstein.
Einstein	Radikal? In Grenzen, *sehr* engen Grenzen, lieber Freund. Möchte nur verhindern, daß die paar Leute, die schon wieder von der letzten Schlacht Deutschlands reden oder, Pardon, dem Siegeskampf des internationalen Proletariats, uns noch einen weiteren Weltkrieg einbrocken.
Levi	Und Ihr Rezept?
Einstein	Das wissen Sie doch. Die Weltregierung.
Levi	Und an der Spitze?
Einstein	Rote Bürger, Klassenverräter, Levi, Männer wie wir. Und nicht nur Männer. Auch Frau Kollwitz, stell'n Sie sich vor, plädiert neuerdings für den – *große Geste* – Weltsozialismus. *Da ihm das Wort sehr pathetisch erscheint, fällt er mehr und mehr ins Schwäbische.* Aber wähle tut sie natürlich unsere Leut, nicht die K.P. Ja, Paul – *zeigt auf Levi, das Bild und auf sich –*, so send mr halt.
Levi	Sie kennen... – *Schaut sich verwirrt um: Traum und Wirklichkeit fangen an, sich für ihn immer unauflösbarer zu verknäulen.* Sie kennen Frau Kollwitz?

Einstein	*lächelnd.* Wir verfassen bisweilen gemeinsame Resolutionen. Außerdem streiten wir uns. – *Pause, dann abrupt.* Diese verfluchte Politik – als ob es nichts Besseres gäbe. Ich war zu Hause, mit Elsa – komme von daheim. Ihr Papa läßt Sie grüßen. Er spricht häufig von Ihnen.
Levi	Ja, ich weiß: »Paul, mein Sohn Paul, ist ein großer Herr in Berlin – hier, sein Bild in der Zeitung.«
Einstein	Er ist sehr alt geworden.
Levi	Und krank – wird nicht lange mehr leben.
Einstein	Er spricht viel von früher, als ihm die Fabrik noch gehörte.
Levi	Liebmann und Levi. Und er Vorsteher seiner Gemeinde... ein Schächter, wie es keinen nach ihm gab.
Einstein	Wirklich, Levi, Sie sollten wieder einmal nach Hechingen kommen, wenn Frühjahr ist. Im Mai vielleicht. – Ich mag das Nest. Seitdem ich die Else geheiratet hab', bin ich mit der ganzen Mischpoke dort verwandt... und das gleich doppelt: Die Mütter sind Schwestern und die Großväter Brüder – ich schau oft selbst nicht mehr durch. Bin verwandt mit Onkel Rudolf, der ein großer Mann war bei Baruch und Co...
Levi	*nickt lächelnd...* bei der Münz nebenan.
Einstein	...und mit Jette und Rebekka, Raphael und Ruppert – allen Einsteins der Welt. Das kommt davon, wenn man sein Bäsle ehelicht und heimkehrt zu seine Leut. *Abbrechend.* Sagen Sie mal, Levi, sprech ich wirklich so schwäbisch, wie die Berliner behaupten?
Levi	Nun, Albertle, aus Potsdam stammen Sie jedenfalls nicht. Man merkt's Ihnen schon an, wo Sie Ihr Viertele schlotzen...
Einstein	*einfallend...* in der »Liesl« am Obertorplatz...
Levi	...wo Papa immer die Zwischenrufe übte, fürs Stadtparlament.
Einstein	Ach, Levi, die großen Kastanien vor Loewengards Villa...

Levi	...und die Streuobstwiesen unterm Schloßberg, grad gegenüber von unserm Haus.
Einstein	Und die Fabriken von Benedikt Baruch, von Loewengard und Levy... *Hermann* Levy, Trikotweberei. – Carl Loewengard hat übrigens nach Ihnen gefragt – oder war's seine Schwägerin, die Gift-Theres: Therese Giehse, wie sie jetzt heißt. Wenn Sie mal Karten wollten... Mein Gott, Hechingen... die Einsteins und Levis und Baruchs und Gifts...
Levi	Und Doktor Wolf, Arzt und Poet, mit seiner Praxis in dem kleinen Haus zwischen Baruch und Loewengard.
Einstein	Leider keine Kassen. – Ein Kommunist, das wissen Sie, bringt's selbst in Hechingen nicht weit, unter den Juden. *Erhebt sich.* Also abgemacht, Levi, im Mai in meiner Wohnung im Schloß beim reichen Julius. Dann gehn wir ins »Rad« und in die Hofkonditorei.
Levi	*in tiefem Nachsinnen, während Einstein ins Dunkel zurücktritt* ...und ins »Museum« und, natürlich, in die »Linde-Post« und... *Sieht sich suchend um.* Bitte, Mathilde, etwas Tee noch und mit viel Eis, wenn's geht. *Schaut Mathilde nach und bemerkt nicht, daß nun ein Mann, der Einstein ähnlich ist, nur viel älter, neben ihm steht: Jacob Levi.*
Jacob	...und ins Bethaus, mein Kind, in die Goldschmiedstraße, neben der Schul. Kennst du den Sternenhimmel noch und die Kuppel zwischen den Balustraden, hinter denen die Frauen beten? Wir sind nur noch ganz wenige, Paul.
Levi	Es ist vorbei, Papa. Ich kenn' doch die Leut': nennen sich Israeliten statt Juden und reden, wenn sie Bar Mitzwah meinen, von Konfirmation. Ein Jud in Hechingen, das ist ein Schwabe im Kriegerverein, beim Schützenfest und Umzug am Rosenmontag.
Jacob	Und dabei war unser Vorsänger der beste Mann zwischen Konstanz und Stuttgart – ausgesucht von Jacob Levi. – Ich bin stolz auf dich, Paul, hab' viel von dir gelernt, aber du auch von mir! Weißt noch, wie ich's dem

	Kerl gegeben hab', in der Zeitung, dem Staatsanwalt, der partout das Mariele hat einsperren wollen, der Dackl, nur weil's der Frau Landrichterin ein paar Tröpfle vom Brunnen aufs Jabot gespritzt hat? – Bist mein Sohn, Paul. Gelt, wir haben zusammengehalten im Krieg, auf der richtigen Seite? Haben's mich fühlen lassen, die Hechinger, den roten Jacob, und ist doch einmal ein Ehrenmann gewesen unter den Leuten. Der Post-Jacob mit der fetzigen Feder und dem Halaf, seinem Messer, das scharf und glatt wie ein Federkiel ist. Hab's Morgen für Morgen geprüft und dem Rabbiner gezeigt, wenn er's verlangte. *Geste.* »Da, Rebbe, schau! Nicht der winzigste Zacken!« – Komm nach Haus, Paul, in die Goldschmiedstraße, und, wenn's soweit ist, auf den Friedhof, an die Seite von Mama. Schön sieht er aus, jetzt, mit den großen Eschen und den Terrassen im Schatten der Bäume. »Hier ruht Paul Levi. Er ist geborgen. Und seine Seele sei eingebunden in das Bündel des Lebens.«
Levi	Ich bin kein Jud mehr, Papa. Weißt doch, ich bin ausgetreten nach dem Tod von Mama: 's wurde Zeit.
Jacob	Bleibst immer ein Jud, Paul, und ein roter dazu, wie dein Vater. Komm zurück, Kind, versprich's mir, eines Tags auf unseren Hügel, der ein klein bißle wie's Bergle von Jerusalem ist: Da schaust du hinab auf die Stadt, und wenn Winter ist, kannst du mich sehn, in der Goldschmiedstraße.
Mathilde	*erhebt sich. Ist – für ein paar Sekunden – wieder Rosa Luxemburg geworden.* Ich wollte sterben, damals, als der Krieg begann, aber die Freunde hielten mich zurück. Wozu? Ich habe kein Grab, kein Nest, keinen Strauch, keinen Baum. Bin wie ein Vogel, hoch in der Luft. Aber der Vogel ist tot, ein Skelett mit flatternden Schwingen. Verlorengegangen, irgendwo zwischen dem Fluß und den Wolken. – Geh heim, Paul, laß den Vater nicht allein.
Levi	Nach Haus – wo ist das? In Zamocs? In Hechingen? – Es

	ist schon so lange her. Ich kann mich nicht mehr erinnern.
Jacob	Nur ein paar Straßen, Bub. Durchs Synagogengäßchen zum Marktplatz und dann in die Neustraß zur Post.
Soldaten	*vortretend.* Zu weit! Zu weit für dich, Jud! Wirst nichts mehr wiedererkennen. Auch die Steine auf dem Friedhof nicht. Und nicht Papas Bethaus! Nicht die Judenschul! *Kommen drohend näher.*
Levi	*mit letzter Kraft.* Helft mir! Freunde, rasch!
Arbeiter	*umringen Levi.*
Levi	Mathilde! Das Buch! Unten rechts! Geben Sie her. *Blättert.* Georges Clemenceau über Demosthenes, den Redner Athens. *Spricht klar und bestimmt zu den Arbeitern.* »Dieser Mensch hat für euch das Gewicht der Hoffnungen weiter getragen, als ihr es vermochtet. Vom Gipfel des Sieges bis zum Abgrund der Niederlage war kein Tag, wo er nicht treu zu eurer Sache hielt und sie zu seinem eigenen Leben machte. Dieser Mensch hat erst nach seinem Tode gesiegt. Aber keine Stunde seines Lebens hat er an der Zukunft gezweifelt. Was bedeutet *dem* eine zufällige Niederlage, der in ihr das Morgenrote künftiger Siege erblickt?« *Winkt Mathilde / Rosa zu sich.* Jetzt weiß ich endlich, wie mein Plädoyer enden wird: Dieser Mensch, von dem Clemenceau spricht, bin nicht ich. Das bist du. *Zu den Arbeitern.* Macht einen Kreis um mich – nicht nur ihr, Genossen. Kommt alle her, ihr armen Leut'. Ich hab' euch verteidigt. Ich hab' aller Welt gezeigt: Da, schaut hin, die Muschkoten, wie sie geschlagen, gefoltert, niedergemacht wurden. Schaut die Schwabenthans an, von der Alb, die Bauern, die man vom Hof trieb. Ich habe an den Kaiser geschrieben, um sie zu retten. Schaut sie an, meine Klienten. *Immer mehr Menschen kommen zusammen.* Nicht wahr, das ist keine Gesellschaft, die man vermutet bei einem... wie sagte Radek?... Aestheticus? Das ist die Klientel aus Ihrem – *deutet auf das Portrait der Käthe Kollwitz* – Bilderbuch, meine Liebe: Geschundene

Rekruten, Fabrikarbeiter, Obdachlose, Frauen, die vorm Richter stehen: »Stücker acht sind genug zu Haus, Herr Vorsitzender«, schnell, schnell, stimmt das Totenlied an!

Die Menschen summen leise eine Requiem-Melodie. Es wird dunkler. Im Hintergrund stehen die Soldaten. Vorn links Mathilde und Einstein, gegenüber Radek.

Levi Aber das Plädoyer! Es ist noch nicht fertig. Wie fange ich an? *Für sich.* Ein Plädoyer. Gut. Aber für wen? – Eben hab' ich's doch noch gewußt! Für Rosa Luxemburg? Für Liebknecht, meinen Kollegen? Oder für die Mütter der Kollwitz? Für Einsteins junge Burschen, die ihre Gewehre zerbrechen? Für die Männer im Asyl, mit ihrem vergifteten Hering, an dem sie verrecken? Nein, nur für einen! Für Catilina natürlich. Mein letztes Plädoyer – für einen Hingerichteten. *Zu Pabst.* Nicht wahr, Herr Hauptmann, so sagten Sie doch? *Zu Jorns.* Zur Schande dieses Manns, der Ihnen half – in seiner roten Robe. Besudelt mit Blut! *Empörung der Soldaten. Levi winkt ab: kein Wort mehr von euch. Zu Mathilde / Rosa.* Ich werde sagen, vor Gericht: »Wenn du vom Apennin hinuntersteigst, ins reiche etrurische Tal, dort, in der weiten Mulde, wo Pistoia liegt, wird unter dem Rasen der Traum einer großen proletarischen Partei ausgeträumt von dem, der ihn vielleicht zuerst geträumt.« *Nach einer Pause.* Catilina liegt dort begraben.

Gelächter der Soldaten. Zwischenrufe: »Wie schön für ihn!« – »Du kommst ins Massengrab, Jud!« »Vaterlandsverräter!« »Rote Sau!« – Dann tritt ein einzelner Mann vor, sehr klein, und ruft: »Merkt euch sein Gesicht! Der Mann ist schuldig daran – hauptschuldig! –, daß unser deutsches Vaterland ein Land geworden ist, das nicht mehr weiß, was ›Ehre‹ heißt!« – Die Soldaten stimmen begeistert zu.

Levi *Noch einmal sehr klar und präzise.* Sie haben recht, mein Herr, denn Ihre Ehre ist nicht unsere und nicht die Ehre eines freien und gerechten Lands. *Sehr leise.* Und wir,

Rosa? Ach, wir. *Mathildes Hand nehmend.* »Unser Geschlecht«, so heißt es doch wohl – bei Marx, glaube ich. *Zu Mathilde / Rosa.* Du weißt es besser, »es gleicht den Juden, die Moses durch die Wüste führt. Es hat nicht nur eine neue Welt zu erobern, sondern muß untergehen, um den Menschen Platz zu machen, die einer neuen Welt gewachsen sind.« – Aber es gibt die Menschen nicht. Ihr jedenfalls, Radek, seid zu weit mit Stalin gewandert, und niemand ist da, der euch reinigen wird.

Radek   *Rasch.* Der Satz ist gestrichen!

Levi   Ja, weil er richtig ist. – Und trotzdem: Keine Eroberung mehr und kein Tod für die einen, auf daß die anderen leben – irgendwann einmal. Es ist genug gestorben – nicht wahr – *betrachtet das Porträt der Käthe Kollwitz* –, so sagten Sie doch? *Zu Mathilde, sehr leise.* Noch einen Tee vielleicht, liebe Mathilde. Und schauen Sie nach dem Hund in der Küche. Er ist so still, heute nacht.

Das Licht erlischt, ein Scheinwerfer begleitet den Weg der Akteure – sie tragen Koffer – zur Rampe.

Mathilde   Als Mathilde zurückkam, fand sie das Fenster weit offen. Der Mann, den sie behüten wollte, hatte sich, im Fieberwahn offenbar, aus dem Fenster seiner Mansarde gestürzt. Die Balustrade war niedrig: ein kleiner Schritt reichte aus, um ins Freie zu kommen. Paul Levi war sofort tot: Bruch der Wirbelsäule. Der Zeitpunkt: fünf Uhr früh.

Da die Behörden klären wollten, ob es Anzeichen gäbe, die auf einen Selbstmord hinwiesen, wurde der Tote – Nummer 58 – wie Rosa Luxemburg und Karl Liebknecht ins Schauhaus gebracht.

Kollwitz   Am Tag darauf trugen sie dann seinen Sarg in die Wohnung, hierher, wo der Abgeordnete Levi in der Nacht zum 10. Februar 1930 sein letztes Selbstgespräch führte: die Traumdialoge, die wir zu rekonstruieren versuchten, in unserem Requiem.

Die Menschen defilierten, vom Morgen zum Abend, am

	Sarg vorbei. Viele gingen zum Fenster und schauten hinunter zum Landwehrkanal. Ein kleines Mädchen, so wird berichtet, legte eine Rose auf den Sarg. Es wurde wenig gesprochen.
Radek	Später, während der Totenfeier im Reichstag, verließen, bevor Paul Löbe seine Trauerrede begann, Kommunisten und Nationalsozialisten gemeinsam den Saal. – »Ein Renegat aus Prinzip sei gestorben«, schrieben die einen; die anderen: »Mit Paul Levi hat ein Mann seinem Leben ein Ende gesetzt, der immer in vorderster Front stand, wenn es gegen Deutschland ging, das nicht sein Vaterland war.« –
Einstein	Aber da ist auch ein Mann gewesen, ein politischer Gegner, der Abgeordnete Professor Kahl, der sich vor dem Juristen und Redner der Republik, ihrem größten, in Ehrfurcht verneigte: »Dieser Mann hat in seiner Bildung, Gründlichkeit und Noblesse uns allen gezeigt, was Gerechtigkeit ist. Er war ein Ritter. Wir werden ihn niemals vergessen.«
Kollwitz	Bei der Feier im Krematorium, dem Kuppelbau von Wilmersdorf, standen junge Sozialisten mit roten Fahnen Spalier. Mathilde Jacob und Albert Einstein saßen nah beieinander; Käthe Kollwitz war nicht dabei. Aber in ihrem Tagebuch stehen, Februar 1930, die Sätze: »Barlachs Gefallenendenkmal in Magdeburg gesehen. Der hat's gekonnt. Der Rechtsanwalt Paul Levi ist tot.« Drei Jahre später wurde Käthe Kollwitz aus der Preußischen Akademie der Künste vertrieben, weil sie – gemeinsam mit Albert Einstein – einen Aufruf unterzeichnet hatte, der, in letzter Stunde, für eine gemeinsame Politik der Arbeiterparteien – im Sinne Paul Levis – plädierte.
Radek	Zu spät. Einstein emigrierte in die Vereinigten Staaten; er ist nie nach Hechingen zurückgekehrt. Radek, der einmal Einsteins Werke in einem Koffer nach Rußland gebracht hatte, wurde in Sibirien ermordet.

Mathilde	Mathilde Jacob starb in Theresienstadt. Ihr Name findet sich – Juli 1942 – auf der Transportliste Nummer 30, Blatt 2. –
Jacob	Jacob Levi schließlich stürzte sich – drei Monate nach dem Tod seines Sohns – aus dem Fenster des Schulhauses in der Goldschmiedstraße zu Hechingen. In der Wohnung des Toten, auf seinem Schreibtisch, vermuten wir, lag ein Zeitungsausschnitt: der Abdruck eines Briefs, den Albert Einstein zum Gedenken an Paul Levi schrieb: »Die soziale Gerechtigkeit der Propheten – in diesem Einen war sie lebendig. Möge sein Angedenken niemals erlöschen.« *Lichtwechsel.*
Jacob	*über den Toten gebeugt.* Jetzt bist du heimgekehrt, Sohn, und bist geborgen, und ich bin es auch. Dein Vater, der ein Lehrer und ein Schohet war. Brauchten sich nicht zu fürchten vor mir, die Tiere, ging alles rasch und ganz ohne Schmerz: ein einziger Schnitt nur: vorbei. *Legt sich die Hand an die Kehle.* Könnte auch einen Schohet brauchen, Bub, einen wie mich. *Geste.* Siehst du, die Hand ist immer noch sicher. Aber ich darf nicht. 's wär gegen Gott. *Streicht dem Toten über die Stirn.* Bald, wenn der Sabbath beginnt, werden sie mich drüben vorm Bethaus empfangen: »Gott tröste dich, Bruder.« *Beugt sich tief herab.* Weißt, Paul, ein Jud ist nicht tot, solange ein einziger Mensch von ihm spricht – und von dir werden sie noch reden – *richtet sich auf –,* wenn in dieser großen Stadt niemand mehr sein wird, der heute lebt. *Blickt sich um. Ein schwacher Lichtschein fällt auf die umstehenden Genossen.* Chravah Kaddisch, die Heilige Gemeinde, ist um Dich, mein Sohn. Dein Vater zuerst, der nicht bei dir war, um, wie das Gesetz es befiehlt, die Heiligen Worte mit deinem letzten Atemzug zu vereinen. *Stimmt zunächst hebräisch »Schmai Israel«, dann ins Deutsche fallend, das »Schema« an.* »Hör, Israel, der Ewige, unser Gott, der Ewige, ist einzig. Gesegnet sei der Name der Herrlichkeit seines Reiches

immer und ewig.« *Leiser werdend, murmelnd, dann noch einmal laut.* »Ich aber, spricht der Herr, werde den Regen eures Landes geben zu seiner Zeit, den Frühregen und den Spätregen, und ihr werdet das Getreide einsammeln und den Most und das Öl und werdet essen und satt werden, für alle Zeit.« *Pause.* »Ein jeglicher in jedem Land. So will es der Herr.«

Levis Gefolgschaft nimmt Jacob in ihre Mitte. Die Menschen beugen sich über den Toten wie auf dem Liebknechtbild der Käthe Kollwitz, dessen Figuration zum Schlußgleichnis des Requiems wird: im Schmerz um den einzelnen auf den kommenden Massenmord weisend.

Einstein und Mathilde blicken ins Weite, Radek ballt, mit einer trotzigen Pose, die Faust, der Chor der Soldaten nimmt, bei leisen Kommandos, Habacht-Stellung ein: zum Angriff bereit; die Freunde Levis schauen, in großer Angst, auf die Zuschauer oder beugen sich noch tiefer über den Toten. Von den Rändern her wachsende Dunkelheit, bis am Ende nur noch zwei Trauernde und, vor ihnen, Jacob Levi, der Vater, im Licht sind.

1. Traurer	*ein Mann.* Es wird kalt werden, bei uns,
	Genosse Paul.
	Im Erzgebirge und überall,
	Schon sehr bald.
2. Traurer	*eine Frau mit einem kleinen Kind.*
	Denn eine große Finsternis kommt
	Und wir werden dich brauchen,
	Irgendwo in den Lagern,
	Genosse Paul.
Jacob	Hörst du? Sie rufen deinen Namen, Bub:
	»Genosse Paul«!
	Gott ist gerecht:
	Judd! Bischt et vergessa.